LEÓN XIV

Colección Testimonios

23

GIORGIO DELL'ARTI

LEÓN XIV

El primer papa estadounidense y agustino

Título original:
Leone XIV.
Vita di Papa Bob, il missionario che lo Spirito Santo
ha spedito a Roma

© PaperFIRST by il Fatto Quotidiano, 2025
Via di Sant'Erasmo, 2 – 00184 Roma
www.ilfattoquotidiano.it

Publicado mediante un acuerdo con Albardonedo Agencia
Literaria, ST&A y jr literary agency

Traducción:
Fernando Montesinos Pons

© Ediciones Mensajero, 2025
Grupo de Comunicación Loyola
Padre Lojendio, 2
48008 Bilbao – España
Tfno.: +34 944 470 358
info@gcloyola.com

Diseño de cubierta:
Félix Cuadrado Basas (*Sinclair*)

Impreso en España. *Printed in Spain*
ISBN: 978-84-271-5080-5
Depósito legal: BI-692-2025

Fotocomposición:
Marín Creación, S. C. – Burgos / www.marincreacion.com

Impresión y encuadernación:
Gráficas Fernan – Bilbao (Vizcaya) / graficasfernan.com

Me ha ayudado Jessica D'Ercole.

Gracias.

Índice

¿Te das cuenta de que podrían elegirte papa?

«¡Anda ya!».

No, en serio. Piénsalo.

«Y, en ese caso, ¿qué nombre me aconsejarías?».

No lo sé. Pero que no sea León.

«¿Por qué?».

Serías el decimotercero. Da mala suerte.

(Conversación telefónica entre John Prevost y su hermano cardenal la víspera de la partida de este último hacia Roma. Testimonio del mismo John).

El hermano cardenal, que más tarde se convertiría en el papa León XIV, dijo: «He pensado en tomar el nombre de León XIV. Hay varias razones. Pero, principalmente, el hecho de que el papa León XIII, con la histórica encíclica *Rerum novarum*, abordó la cuestión social en el marco de la primera gran Revolución industrial. Hoy, la Iglesia ofrece a todos su patrimonio de doctrina social para responder a otra revolución industrial y a los desarrollos de la inteligencia artificial, que plantean nuevos retos para la defensa de la dignidad humana, la justicia y el trabajo».

«Mi hermano sabe contar mejor que yo» (declaración de John Prevost, hermano del papa León XIV, tras la elección de este al trono pontificio).

Capítulo I

Robert Francis Prevost nació el 14 de septiembre de 1955 en Chicago, como sacerdote, para todos, era el «padre Bob». Por consiguiente, ahora es el «papa Bob». Para sus dos hermanos, «Rob».

Nació en el Mercy Hospital de Chicago, entre la calle 25 y Prairie Avenue. En el mismo hospital donde nacieron sus dos hermanos.

La familia vivía en Dolton, al oeste de la interestatal 94. Chicago se encuentra un poco más al norte. Al este hay un lugar llamado Calumet City. En 1955, cuando nació Francis, Dalton tenía una población de seis mil habitantes (hoy son veinte mil).

La casa de los Prevost se llamaría «vivienda unifamiliar» entre nosotros. Está construida toda de ladrillos de un bonito color rojo oscuro. La entrada tiene cinco escalones, una pequeña ventana a la izquierda, tres pequeñas ventanas en fila a la derecha y un pequeño jardín delante. Suma setenta metros cuadrados, que se convirtieron en ciento diez gracias al aprovechamiento del sótano. Los Prevost contrataron una hipoteca de cuarenta y dos dólares al mes en 1949. Hace un año, la casa se vendió por sesenta y seis mil dólares. Se había convertido en un punto de venta de *crack*, dirigido por una mujer. El tipo que la compró la reformó y la volvió a poner a la venta por 199 000 dólares. Pero en cuanto se convirtió en la casa del papa, la retiró del mercado y está pensando en reformarla de nuevo para dejarla como estaba en 1949. Las ofertas se multiplican. Ha sido confiada al agente inmobiliario Steve Budzik.

Sin embargo, está el caso de la casa natal de Trump. Se compró en 2014 por 2,14 millones de dólares; se vendió en marzo por solo 835 000 dólares.

La iglesia de St. Mary en Dolton, donde el padre, la madre y los niños asistían a misa, también está en venta. Hasta ahora nadie la ha querido comprar. John Doughney, que fue compañero de colegio del pontífice, afirma: «Ahora que el padre Bob se ha convertido en papa, quizá la vuelvan a abrir».

El padre del padre Bob se llamaba Louis Marius Prevost. Fue teniente de los *marines*, desembarcó en Normandía, luego fue director de la escuela primaria Mount Carmel y finalmente fue ascendido a superintendente escolar. Era un hombre de gran fe y catequista en una parroquia de Chicago.

El padre del padre del padre Bob debería ser Giovanni Prevosto, nacido en 1877 en Settimo Rottaro (Canavese, Biella), fallecido en 1960, que primero emigró a Francia, donde afrancesó su apellido como Prevost (en aquella época, los italianos que emigraban a Francia, normalmente unos muertos de hambre, aceptaban cualquier trabajo por cualquier salario, por lo que los franceses los explotaban). Prevosto, convertido en Prevost, se embarcó en El Havre en el barco *Bretagne* con destino a Nueva York. Corría el 6 de abril de 1903, si es que este Prevosto era realmente él.

Los Prevosto originarios de Settimo Rottaro que llegaron a Estados Unidos entre los siglos XIX y XX eran unos quince (según el archivo en línea de la Ellis Island Foundation).

Settimo Rottaro, que hoy ni siquiera llega a los quinientos habitantes, tiene el viaje como su destino, con un escudo que muestra tres ruedas de carro.

Hacen el salami de patatas.

La madre del padre del padre Bob era Suzanne Fontaine, nacida en 1894 en El Havre (sobre El Havre, véase más arriba). Murió en Estados Unidos en 1979. Era hija de padres normandos; su padre Ernest nació el 17 de septiembre de 1857 en Saint-Pierre-sur-Dives, y su madre Eugénie, parisina, murió en Detroit el 10 de octubre de 1979. Eran pasteleros.

En un momento dado, el padre Bob tuvo dudas sobre su vocación. Pensaba: «Pues sí, quizá sea mejor dejar esta vida. Casarme, tener hijos. Una existencia normal, por así decirlo». Habló con su padre sobre ello. Este le explicó que, aunque la intimidad entre él y su madre era muy importante, la intimidad entre ellos dos con Cristo, es decir, el amor a Cristo, era igual de importante. Por lo tanto, el amor al sacerdocio. El padre Bob dice que pensó: «Aquí hay que escuchar».

Iban sacerdotes a su casa. Incluso obispos.

Los sacerdotes y obispos también se sentían atraídos por la cocina de su madre.

Su madre, Mildred Agnes Martínez, conocida como Millie, era ocho años mayor que su marido. Era hija de emigrantes andaluces. Se licenció en Ciencias de la Educación en 1947. Intentó continuar sus estudios después de graduarse, algo poco habitual en aquella época. Era bibliotecaria y una gran cocinera. Era muy católica y tenía dos hermanas monjas. Presidió la St. Mary Altar and Rosary Society, según se lee en la necrológica. Cantaba en el coro de la parroquia (también el papa Bob es un gran cantante). Organizaba encuentros para las familias. Era ella quien invitaba a su casa a sacerdotes y obispos que estaban con frecuencia de paso. «En nuestra casa, siempre había un cubierto de más en la mesa».

La madre enviaba a sus tres hijos a ayudar a la parroquia. Monaguillos, lectores, músicos.

«Era una de esas señoras a las que llamábamos "señoras de iglesia"» (testimonio de Marianne Angarola, compañera de universidad del papa, al Chicago Sun-Times).

Según Jari C. Honora, genealogista e historiador, por las venas de Robert Francis Prevost corre también sangre criolla [*creole*, descendientes de habitantes de la Luisiana colonial].

Robert es el menor de tres hermanos. John es el mediano. Enseñante y, desde 1993 hasta 2004, fue director de la escuela primaria St. Gabriel, en el barrio de Canaryville, en Chicago. En 2015 volvió a dar clases y ahora está jubilado. Se dice que es un hombre callado, que sonríe mientras espera a sus alumnos en la puerta.

El mayor es Louis. Era militar en Florida.

Capítulo II

John: «Los tres sabíamos desde pequeños lo que seríamos de mayores».

John: «Rob sabía que sería sacerdote desde que aprendió a caminar. Un vecino le dijo una vez que se convertiría en papa».

Sus hermanos: «De pequeño jugaba a ser cura. La tabla de planchar era su altar. La cubría con una toalla y nosotros teníamos que ir a misa. Lo sabía todo, se sabía las oraciones en latín y en inglés. Repartía la comunión con Necco Wafers».
¿Con qué?
«Son unas galletas americanas finas, redondas y azucaradas».
¿Y vosotros?
«Nosotros, entretanto, jugábamos a policías y ladrones».

El *Daily Mail* ha escrito que, en segundo de primaria, cuando tenía que prepararse para la primera comunión, se puso a estudiar meticulosamente oraciones y textos sagrados.

«Rezábamos con las manos, *you know*, con los dedos apuntando al cielo. Al cabo de un rato, te cansabas y querías bajarlas y juntarlas. Robert nunca lo hacía. Sencillamente, era devoto. Pero no de una forma descarada» (testimonio de una compañera de colegio al *Daily Mail*).

Marianne Angarola, que asistió a la escuela primaria católica con el papa, dijo que era un buen estudiante, inteligente, amable y educado, aunque no era un gran atleta. Dijo que ya entonces estaba claro que sería sacerdote. «Sintió la vocación desde muy joven».

«Antes, nos sentaban en los pupitres en función de nuestro rendimiento escolar. Así que él siempre estaba en el primer puesto de la primera fila. También era un poco burlón. Siempre me daba golpecitos en la cabeza con un lápiz porque yo también bromeaba. Tenía sentido del humor. Pero nadie se daba cuenta de su sentido del humor. No era muy extrovertido» (testimonio de Noelle Neis, 69 años).

Así pues, no tuvo problemas en el colegio. Su vocación siempre fue fuerte. A los 13 años dejó Chicago, se trasladó a Michigan y se matriculó en el St. Augustine Seminary High School de los frailes agustinos. Obtuvo lo que entre nosotros sería el título de bachillerato en 1973 y se graduó en Matemáticas en la Villanova University de Filadelfia en 1977.

Ah, también está el *Master of Divinity*, que cursó en la Catholic Theological Union de Chicago.

Ah, y también la licenciatura y el doctorado en Derecho Canónico por el Pontificio Ateneo Santo Tomás de Aquino de Roma. Su tesis doctoral se titula *El papel del prior local en la Orden de San Agustín.*

¿Local?

En sus ratos libre se ganaba la vida enseñando matemáticas en los institutos de Chicago.

Pronunció sus votos el 2 de septiembre de 1978.

En 1979 se dejó crecer el bigote.

Si se lo hubiera dejado, tendríamos un récord. El último con bigote y barba fue Inocencio XII (nacido en Spinazzola, cerca de Barletta, papa desde 1691 hasta 1700).

El 29 de agosto de 1981 emitió sus votos solemnes. Su camino de formación aún no había terminado, y siguió en la Catholic Theological Union de Chicago.

Siguió viajando por todo el mundo. En 1982 vuelve a Roma. Fue ordenado sacerdote en la capilla de Santa Mónica, en la Piazza del Sant'Uffizio, por el arzobispo belga Jean Jadot, presidente del Secretariado para los No Cristianos (otro trotamundos que había sido capellán de las tropas belgas en el Congo, después delegado apostólico en Laos, Singapur, Malasia y Tailandia, y al que Pablo VI le dijo: «No seas los ojos del papa, sino su corazón». El papa le envió de vuelta a África, después a Estados Unidos, con la tarea específica de ocuparse «de los pobres, de los olvidados, de los ignorados»; allí, algunos líderes de la Iglesia estadounidenses, precursores de Trump, lo calificaban de «chusma»).

En Capriate (Bérgamo) hay un parque donde se reproducen en miniatura los monumentos italianos. Hay una foto en la que se ve la miniatura de San Pedro, y delante de ella hay un chico guapo con camisa de manga corta y una sonrisa tranquila. Es él. Junto a él hay otro joven guapo con gafas negras y francamente risueño. Es el padre Giovanni Lenzi, que ahora está en Milán, también agustino, ordenado sacerdote el mismo año que Prevost. La foto es de ese tiempo.

La otra foto, en la que un joven Prevost estrecha la mano del papa Juan Pablo II, debe ser de 1985, cuando el papa viajó a Sudamérica. La parroquia era la de Santa María de la Asunción, de Chulucanas, Piura, al norte de Perú, donde Prevost había desembarcado en 1985 con una misión agustina. En aquella ocasión, Prevost permaneció allí apenas un año, como canciller de la prelatura territorial. Aún no sabía hasta qué punto Perú formaría parte de su destino, hasta llegar a convertirse en peruano.

En 1987, obtuvo también el doctorado en Derecho Canónico en la Pontificia Universidad Santo Tomás de Aquino de Roma. Luego pasó un año más en Chicago como responsable de vocaciones y director de misiones para la provincia agustina.

Finalmente, fue destinado de nuevo a Perú. Durante diez años.

Capítulo III

Chulucanas, una localidad de cincuenta mil habitantes, fue el primer lugar del Perú donde aterrizó Prevost. Cerámica, mangos (fruta). *«Tiene un clima desértico»*. Estamos en el norte, casi en Ecuador, en el interior.

Filippo Fiorini dijo en *La Stampa*: «Cuando Robert Francis Prevost llegó a Chulucanas, a los pies de las montañas del norte, en 1984, encontró lo que buscaba: la miseria».

Mildred, su ahijada de Chulucanas y que lleva el mismo nombre que su madre, dijo: «Aquí los curas no quieren ser padrinos. Pero él sí. Incluso me envía regalos».

En 1988, vuelve de nuevo al Perú, una especie de destino. Allí permaneció hasta 1999, y regresó en 2014, por voluntad del papa Francisco, que lo nombraría obispo y cabeza de la Iglesia de América Latina, obligándolo a viajar constantemente a Roma, ya que allí se le encomendaban todo tipo de encargos. Llegó a formar parte al mismo tiempo de siete dicasterios, hasta que Francisco le encomendó la enorme tarea de seleccionar a los obispos.

La ciudad a la que Prevost llegó en 1988 era Trujillo, en la costa norte. Se llama así porque fue fundada en 1535 por Francisco Pizarro –hijo bastardo de Francisca Gonzales y Mateos, sirvienta de Beatriz Pizarro, a su vez hermana de un coronel–, que había nacido en Trujillo, Extremadura.

Francisco Pizarro, que no sabía leer ni escribir y era pastor de cerdos, también había fundado Lima, y se había hecho rico masacrando y saqueando a los incas.

En tiempos de Prevost, la Trujillo del Perú, tenía setecientos mil habitantes (hoy casi un millón) y era una ciudad de monumentos antiguos, considerada capital de la cultura.

Perú es un país en el que, según Wikipedia, el uno por ciento de la población posee un tercio de la riqueza y en el que un tercio de los habitantes y dos tercios de los niños menores de 17 años viven por debajo del umbral de la pobreza.

Como de costumbre, Prevost estuvo sobrecargado de tareas en Perú. Fue prior de la comunidad, prefecto de estudios del seminario diocesano, rector del mismo durante un año, director del seminario agustino, juez del tribunal eclesiástico regional, miembro del colegio de consultores de la archidiócesis, párroco fundador de la parroquia de Santa Rita de Casia, profesor de derecho canónico, patrística y moral en el seminario diocesano de San Carlos y San Marcelo, miembro del colegio de consultores de la archidiócesis, profesor de los profesos, administrador de la parroquia de Nuestra Señora de Montserrat, etc.

Ser papa le resultará más fácil. Es un único trabajo.

«Lo conocí en 1996. Acababa de regresar aquí, a Trujillo, en la costa. Yo era un joven seminarista. Tenía un poco de miedo a que este hombre tan franco y cariñoso, pero inflexible en lo que se refería al estudio, me echara. Nos hicimos amigos. Además de ser uno de nuestros profesores, era también el conductor de la chatarra con la que nos llevaba a clase. Casi de inmediato comenzamos con las misiones en las montañas. Con zapatos resistentes, mochila a la espalda, trayectos a caballo y muchas horas de subida cuesta arriba» (padre Ramiro, hoy superior del vicariato de Chulucanas, a Filippo Fiorini).

«Durante la pandemia se entregó por completo. Consiguió dos botellas de oxígeno para un enfermo y se las llevó. Con la furgoneta, a un pueblito lejano. Esa persona sigue viva» (padre Purisaca Vigil a Carlo Lodolini).

«Prevost cogió el teléfono y llamó uno por uno a los empresarios de la región de Lambayeque, casi nadie se echó atrás y, gracias a ello, la región pudo dotarse de dos máquinas generadoras de oxígeno para los hospitales y los centros de salud públicos» (Emiliano Guanella).

«Explicaba con una sencillez desarmante que la corrupción es un gran mal, porque sustrae recursos necesarios para mejorar la salud, la educación y el progreso» (*ibid.*).

«En Perú dicen que hay dos mil especies, dos mil categorías de *papas* [es decir, de patatas]. Bueno, ahora son 2001...» (broma del cardenal Prevost, contada por el cardenal Sandri, que no podía dejar de reír).

La cocina peruana es una de las mejores del mundo. Al futuro papa le encanta el ceviche, las diferentes variedades de patatas de los Andes y, sobre todo, el cabrito de

Magali. La cocinera de la curia dice: «Siempre me decía que el mío era especial, mejor que el del mejor restaurante de la ciudad» (Guanella).

«Caminábamos y pedíamos hospitalidad en las casas que encontrábamos por el camino. Si no, había bancos sobre los que echábamos paja. El hábito talar era una camiseta. Llevábamos la guitarra al hombro. La mayoría de los pueblos no tenían electricidad. La vigilia pascual del Sábado Santo comenzaba por la tarde, cuando aún había luz solar. En nuestra región llueve en Pascua. Una vez llegamos a las casas mientras caía un diluvio. Entonces dejó de llover y el padre Prevost encendió un fuego en medio del claro antes de comenzar la oración. Fue precioso» (padre Ramiro).

Tras su partida en 1999, el padre Prevost fue enviado de vuelta a Perú por el papa Francisco. Habían pasado quince años. Francisco lo nombró administrador apostólico de la diócesis de Chiclayo y obispo titular de Sufar. El 7 de noviembre de 2014 tomó posesión de la diócesis en presencia del nuncio apostólico en Perú, James Patrick Green, y del colegio de consultores.

Chiclayo, situada entre los departamentos de Lambayeque y Santa Cruz, es una diócesis con más de un millón de personas y apenas noventa sacerdotes. La gente lo recuerda montado a caballo, recorriendo decenas y decenas de kilómetros para llegar incluso a los caseríos más remotos. «Muchos se alejan de la Iglesia porque no hay nadie que se ocupe de ellos», decía el obispo misionero, incansable evangelizador (Lucia Capuzzi).

«Ya circulan por las redes sociales imágenes de su pasado como obispo en Perú: León con las botas embarradas, León a caballo, León cocinando entre ollas ennegrecidas. Pasó su episcopado en Chiclayo en las periferias, entre comunidades rurales, escuchando, compartiendo, defendiendo los derechos humanos. Su rostro narra la dolorosa espiritualidad de los *Poemas humanos* del peruano César Vallejo. León vivió la Iglesia en la carne herida del mundo» (Antonio Spadaro, jesuita, exdirector de *Civiltà cattolica*, actualmente subsecretario del Dicasterio para la Cultura y la Educación).

«Al igual que en las novelas visionarias de José María Arguedas, Perú no fue para León solo un territorio de misión, sino un alma. Entre los Andes aprendió a reconocer a Cristo en el rostro arrugado de los campesinos, en la voz dolorida de las comunidades indígenas» (*ibid.*).

En Chiclayo, «sus homilías eran sencillas y directas, hablaba al corazón de los fieles y, aunque era un hombre culto, no se encerraba en el enciclopedismo ni en las citas en latín» (César forma parte desde hace diez años de un grupo de jóvenes católicos y rara vez faltaba a la misa del domingo por la mañana. Guanella).

Robert Prevost canta alegremente *Feliz Navidad*, un clásico navideño de José Feliciano, en un vídeo de 2014. Le acompaña una pequeña banda de jóvenes. La señora Less, la usuaria que publicó el vídeo en X, escribe: «En nuestra reunión navideña nos presentaron a monseñor Roberto. Quedamos encantados con su sencillez. Nunca hubiéramos imaginado que se convertiría en papa». En el clip, el actual pontífice parece perfectamente a sus anchas entre el grupo de jóvenes peruanos: canta y aplaude al ritmo de la música.

«En Roma, mientras comíamos una pizza, le provoqué y le dije que nunca sería obispo, que no era peruano y nuestra ley prohíbe a los extranjeros acceder al cargo. Él me preguntó: "¿Quién dice que nunca lo seré?". Debía de ser el año 2015. Poco después, obtuvo la ciudadanía» (padre Ramiro Castillo).

Llevaba comida y otros suministros a zonas remotas, a veces incluso cargando él mismo sacos de arroz: «Bromeábamos y decíamos: o va a ser santo o va a ser papa» (Juana Loren, 60 años, voluntaria de la iglesia de Chiclayo).

La señora Mariana Quiróz, de 39 años, trabajó junto a Prevost durante las inundaciones de 2017 que azotaron duramente las zonas rurales cercanas a Chiclayo. Lo recuerda vadeando las aguas para echar una mano. «La gente sufría muchísimo. Muchos se habían quedado sin casa. Y el padre estaba allí».

Monseñor Giovanni Paccosi, hoy obispo de San Miniato, estuvo en Perú con Prevost: «En Perú, las montañas son demasiado altas, el mar demasiado frío, la selva demasiado espesa y la vida de la gente demasiado complicada. Nuestras misiones se cruzaron con una realidad extrema, en la que la pobreza afecta a más de la mitad de la población. Ahora, en esa tierra lejana, se alegran y se pasan la foto del carné de identidad peruano de Prevost. Dicen: "Tenemos un papa peruano", y es cierto, porque no se puede ser misionero sin ser uno con la gente con la que se vive».

«Algunos me han preguntado si era un sacerdote gringo. La respuesta es no. No era un gringo que había llegado al Perú, no se sentía diferente. Quizás también porque dominaba bien el idioma. Aquí ha sido un hombre de comunión. Siempre tendió puentes» (Guillermo Inca Pereda, secretario general de la Conferencia Episcopal Peruana).

«Tenemos necesidad de elaborar estrategias políticas, estrategias que nos permitan salir de la exclusión y la desigualdad. En este momento, el mayor desafío es la erradicación de la pobreza. Sin conseguirlo, no podremos lograr un desarrollo sostenible, integral, orientado al bien común de cada ser humano y de todos los seres humanos del presente y del futuro, y de la naturaleza […]. En nuestra región existen diferencias entre los más pobres y los más ricos, entre las zonas urbanas y rurales; los conflictos amenazan el desarrollo humano. En conclusión, necesitamos la genialidad humana bien aplicada para encontrar soluciones innovadoras que permitan la plena inclusión social» (discurso de Prevost en la Universidad Católica de Santo Toribio de Mogrovejo, 2015).

En un momento dado, se le ordena abandonar Chiclayo y venir a Roma. Han pasado ocho años y cinco meses. Es el 12 de abril de 2023. El arzobispo Prevost se despide de los fieles con estas palabras: «Un misionero no va donde lo quieren, sino donde es necesario; y se queda hasta que lo quieren, pero ya no es tan necesario».

Monseñor Prevost, en enero de 2023 nos enteramos de que el papa Francisco le había nombrado prefecto del Dicasterio para los Obispos. Esto significaba, pues, dejar Chiclayo y volver a Roma. ¿Cómo recibió usted la noticia?

«Fue una sorpresa total. Cuando el Santo Padre me confió que estaba "pensando en esta posibilidad", le dije: "Estoy muy feliz en Perú. Y seré feliz si me deja en Perú y también seré feliz si me llama a Roma para asumir una nueva función"».

¿No es extraño? ¿Feliz en cualquier caso?

«No, esto se debe a mi voto de obediencia. Siempre he hecho lo que se me ha pedido, tanto en la Orden como en la Iglesia. Me digo: "Reza para que tome una buena decisión". Ha sido un honor para mí recibir este encargo, pero también ha sido difícil dejar Chiclayo después de veinte años. Era feliz en Perú haciendo lo que hacía».

Ahora, en cambio, está en Roma.

«Todos los días me repito: "Señor, todo esto está en tus manos. Dame la gracia necesaria para llevar a cabo esta tarea con éxito". Lo he hecho toda mi vida. Toda mi vida he dicho: sí, sigamos adelante con la gran aventura de ser seguidor de Cristo» (a Ricardo Morales Jiménez).

Capítulo IV

¿Qué pasó entre 1999 y 2014, es decir, durante el tiempo en que el padre Prevost no estuvo en Perú?

Pues nada. En 1999, tomó un avión de Trujillo hacia Chicago, donde fue elegido prior provincial de la provincia Mother of Good Counsel [Madre del Buen Consuelo]. Dos años más tarde (el 14 de septiembre de 2001) fue nombrado prior general de la Orden de San Agustín, cargo que ocupó hasta 2013.

«Se levantaba al amanecer. Trabajo y más trabajo. Con tiempos marcados por la oración. Es un hombre práctico, que siempre ha dado importancia a las relaciones humanas. Hasta hace dos semanas venía a la sede de la congregación agustina para comer con nosotros. Una persona espiritual. Las matemáticas, es decir, el rigor del razonamiento. La filosofía, es decir, el pensamiento» (Maurizio Misitano, que, como responsable de la Fundación Agustinos en el Mundo, trabajó durante años junto al nuevo papa, a Ferruccio Sansa).

Está la cuestión política. ¿Es el estadounidense Prevost demócrata o republicano? El *New York Times* y la *CBS* han investigado. Al parecer, en 2008 y 2010 votó en las primarias demócratas. En 2012, 2014 y 2016 habría votado en las primarias republicanas. Y en las elecciones presidenciales siempre ha votado, aunque a menudo por correo, y no se sabe a qué partido votó.

Fue nombrado obispo en 2015, cuando aún estaba en Chiclayo. Los obispos deben adoptar un lema en el momento de su nombramiento. Él eligió «*In Illo uno unum*» [En Cristo somos uno], frase pronunciada por san Agustín en su *Exposición del Salmo 127* (el Salmo 127 es el que dice: «En vano os levantáis temprano y retrasáis el descanso, los que coméis un pan de fatigas; ¡si se lo da a sus amigos mientras duermen!», para decir que es inútil esforzarse si no se cuenta con la ayuda del Señor. Estamos en el siglo IV).

También en el período de Chiclayo viaja de vez en cuando a Roma. Por ejemplo, en mayo de 2017, realiza la visita *ad limina* con el papa Francisco (en las visitas *ad limina*, que tienen lugar cada cinco años, el papa se reúne con los obispos llegados a Roma de todo el mundo y habla con ellos de los problemas de las distintas diócesis; el papa es Jesucristo, los obispos son los apóstoles). Más tarde, al ser nombrado administrador apostólico de la diócesis de Callao, también es incluido en el Dicasterio para los Obispos (2020-2021). Finalmente, en 2023, tras ser nombrado prefecto del mismo dicasterio (véase más arriba), tuvo que trasladarse definitivamente a Roma.

Era el 30 de enero de 2023. Francisco le encarga la tarea de elegir a los obispos, le hace presidente de la Pontificia Comisión para América Latina y lo nombra, además, arzobispo-obispo emérito de Chiclayo. Ocho meses después, será creado cardenal. Cuando llegue el momento, entrará en el cónclave.

Con la púrpura se le asigna la diaconía de la capilla de Santa Mónica, en la Piazza del Sant'Uffizio, 8. Santa

Mónica es la madre de san Agustín. La capilla fue construida por el arquitecto Giuseppe Momo en 1941, por voluntad de Pío XII. Giuseppe Momo, piamontés, muy comprometido con el rediseño del espacio vaticano tras la reconciliación entre el Estado y la Iglesia en 1929 (mediante los Pactos de Letrán). Giuseppe Momo también proyectó la magnífica escalera helicoidal que conduce a los Museos Vaticanos.

Prevost, en calidad de prefecto del Dicasterio para los Obispos, tenía una cita fija con Bergoglio todos los sábados durante dos años. «Al principio era a las ocho de la mañana. Pero a veces yo llegaba a las siete y media y él ya estaba allí esperándome. Así que empecé a ir un poco antes. Y entonces él también empezó a llegar un poco más temprano. Siempre antes que yo». Al final de la audiencia, Francisco se despedía diciendo: «No pierdas el sentido del humor. Hay que sonreír» (Tiziana Campisi).

Franca Giansoldati ha escrito: «Del Dicasterio de los Obispos dirigido por él salieron cientos de nombramientos de peso. Una auténtica cantera de nuevos pastores destinados a rejuvenecer una Iglesia considerada (también por Prevost) demasiado rígida, sensibilizándolos para el cuidado de las heridas de la gente, para ser abiertos en vez de jueces inflexibles».

Francisco lo llevó consigo en sus últimos viajes. A Bélgica, a Córcega, a Indonesia. También está con él en la primera y segunda sesión de la XVI Asamblea del Sínodo de los Obispos.

La habitual acumulación de cargos. Es miembro de los Dicasterios para la Evangelización –Sección para la primera evangelización y las nuevas iglesias particulares–, para la Doctrina de la Fe, para las Iglesias Orientales, para el Clero, para los Institutos de Vida Consagrada y las Sociedades de Vida Apostólica, para la Cultura y la Educación; y para los Textos Legislativos; también es miembro de la Pontificia Comisión para el Estado de la Ciudad del Vaticano. Francisco parece tener una confianza absoluta en él.

¿Cuándo se conocieron?

«En Buenos Aires, cuando Bergoglio era arzobispo de la ciudad. Inmediatamente tuve la impresión de que era un hombre que quería vivir el Evangelio de forma auténtica y coherente. Cuando yo era prior general de los agustinos, durante mis visitas a mis hermanos en Argentina, cuando él aún era cardenal, tuve la oportunidad de encontrarme y hablar con él en varias ocasiones, tanto de manera informal como sobre cuestiones más institucionales».

¿Y cuando ya era papa?

«Celebró su primera misa como papa el 13 de marzo de 2013 en la parroquia de Santa Ana, en el Vaticano. Esa parroquia está confiada al cuidado pastoral de los religiosos agustinos. Yo estaba allí y me preguntaba: "¿Se acordará de mí?". Cuando entró en la sacristía y me vio, me reconoció inmediatamente y empezamos a hablar» (Campisi).

«El trabajo de Prevost en la curia se ha caracterizado por una fidelidad absoluta a Bergoglio. En 2024, en un momento delicado del camino sinodal, supo mostrar cierta capacidad de mediación cuando se encontró, junto al secretario de Estado Parolin, desenredando el contencioso surgido entre el Vaticano y la Iglesia alemana. La Iglesia alemana presionaba para que se llevaran a cabo una serie de reformas que Roma consideraba excesivas y demasiado modernistas, entre ellas la creación de un comité sinodal autónomo en Alemania. Prevost se dio cuenta de que ese proyecto se escaparía de las manos si no se bloqueaba a tiempo» (Franca Giansoldati).

El 6 de febrero de 2025, Francisco le confió la prelatura territorial de Albano. Estaba previsto que el cardenal Prevost visitara a sus hermanos de Albano el 12 de mayo. La visita ha sido pospuesta.

En Roma, el cardenal Prevost vivía en la curia generalicia de la Orden de San Agustín, a la izquierda de la columnata de Bernini. Via Paolo VI, 25. Ahora está allí su hermano John, que acudió a Roma desde New Lenox (a sesenta y cinco kilómetros de Chicago) tras la elección. Fue él precisamente quien mandó construir este edificio cuando era superior de su orden.

El domingo 11 de mayo de 2025, justo después de su primer *Regina coeli* desde la Logia de San Pedro, rompió los sellos del apartamento apostólico, que Francisco había rechazado porque, según él, era demasiado lujoso. «El apartamento papal tiene una decena de amplias habitaciones, entre ellas un estudio privado en el que Juan Pablo II pasaba mucho tiempo meditando, escribiendo y rezando, sobre todo en el rincón que había decorado con imágenes de la Virgen y reliquias de santos de los que era devoto. Un dormitorio con un escritorio del siglo XIX, una gran capilla, incluso una *suite* médica con equipo para intervenciones de urgencia. Fue construida en los últimos tiempos del pontificado de Wojtyła, cuya salud era precaria. También cuenta con un jardín en la azotea y alojamientos para las hermanas benedictinas alemanas que gestionan la Prefectura de la Casa Pontificia. Y también está la biblioteca privada, con la famosa ventana que da a la plaza, desde la que el papa se asoma para el Ángelus cada semana y donde se reúne con sus invitados privados» (Ester Palma). Pero hay que restaurarlo, hay problemas con el agua, la cornisa de travertino de Clemente VIII Aldobrandini se está desprendiendo, etc. La vista es espectacular.

El 3 de marzo presidió el rosario que los fieles rezaron en la plaza de San Pedro por la salud del papa Francisco, ingresado en el hospital Gemelli.

Poco después, el 21 de abril, lunes de Pascua, falleció el papa Francisco.

Capítulo V

El papa Francisco ha fallecido y comienza la habitual zarabanda previa al cónclave. Mientras tanto, circulan los nombres de los considerados como papables. El secretario de Estado, Parolin, encabeza los pronósticos, aun cuando sus enemigos hacen creer al mundo que está muy enfermo (en otros cónclaves, estar enfermo o parecerlo, y a ser posible en estado terminal, ha resultado ser una carta ganadora). En segundo lugar se encuentra el filipino Tagle, cuyas posibilidades aumentarán día a día hasta que algún detractor haga circular un vídeo en el que se le ve cantando *Imagine*. Tercero, Zuppi, un cura de la calle apasionado seguidor de la Roma, que responde a los periodistas: «Quitáoslo de la cabeza». En cuarto lugar, Pizzaballa, cuyo apellido todos recuerdan porque era imposible encontrar el cromo coleccionable de su primo, portero del Atalanta. A continuación, un montón de nombres que aumenta día a día: el maltés Grech, el jesuita Hollerich (pero ¿cómo podrían elegir a otro jesuita?), el húngaro Erdö, imponente teólogo, campeón de los conservadores, el cingalés Patabendige Don, a continuación, Leo, Eijk, Sarah, Byčok (pero es demasiado joven), Müller, que concede una entrevista tras otra, Arborelius, Ambongo Besungu, Cupich, Tobin, Heung-sik, Semeraro, Guggerotti, Romero, Artime, David, etcétera.

Detrás de los nombres del cingalés Patabendige Don y del congoleño Ambongo Besungu, arzobispo de Kinshasa, convencido de que, en su región no existe la homosexualidad, hay todo un razonamiento. Se nos explica que la

Iglesia es una entidad mundial, que es erróneo pensar que el próximo papa debe ser necesariamente occidental y tal vez incluso blanco. La fe ha disminuido en Europa (salvo algunos signos de renacimiento en los países nórdicos), en Italia el número de personas que acuden a misa ha pasado de algo menos del 40 % al 18 % desde principios de este siglo, los valores cristianos están generalmente en crisis en esta parte del mundo, y el cardenal Bagnasco afirma en el *Corriere della Sera* que «Occidente propaga el vacío del alma». Mientras que África y Asia están llenas de fieles entusiastas. ¿Cómo no tenerlo en cuenta?

«La paradoja de un mundo catapultado a la modernidad, hiperconectado y catastróficamente salpicado de soledades» (Matteo Matzuzzi).

ChatGPT prevé que saldrá elegido Parolin, William Hill, la casa de apuestas de Londres, da a Parolin 15 a 8, Tagle 10 a 3, y a continuación, con probabilidades cada vez menores, los demás.

El primer ministro iraquí Mohammed Shia' Al Sudani, anuncia que Irak apoya al cardenal Louis Raphaël Sako, el único purpurado nacido en Oriente Medio. Tagle sería del agrado de Pekín. Aveline, arzobispo de Marsella y cabeza de los obispos transalpinos, cuenta con el apoyo de Macron (ningún francés ocupa el trono papel desde hace 650 años; Macron ha reunido a cuatro de los cinco purpurados franceses –Barbarin, Pierre, Bustillo y Jean-Marc Aveline– y les ha invitado a concentrar los votos en Aveline). Dolan, estadounidense, obispo de Nueva York, es el candidato de Trump (Trump: «No tengo preferencias, tenemos un cardenal excelente que viene de un lugar llamado Nueva York, veamos qué pasa»). Desde 1903, cuando Austria vetó al cardenal Rampolla, no se había visto a los políticos entrometerse en el cónclave. También en 1846 Austria intentó bloquear a su enemigo (que era Bernetti), pero el cardenal Gaysruck, que había partido de Milán con el veto de Metternich en el bolsillo, dio media vuelta en Florencia. Le dijeron que la suerte estaba echada, que ya había sido elegido Pío IX.

Los periódicos también publican, después de mucho tiempo, el nombre de León XIII, por ser el último papa, hasta Francisco, que se hizo enterrar fuera del Vaticano.

De Prevost se habla poco. Una breve mención de Francesco Boezi en *Il Giornale* del 5 de mayo (porque lo cita un sitio web tradicionalista), y sobre todo dos largos artículos de Iacopo Scaramuzzi en *La Repubblica* del 1 de mayo y de Franca Giansoldati en *Il Messaggero* del mismo día. Sin embargo, ambos periodistas admiten que es muy difícil imaginar un papa estadounidense, sobre todo si se piensa en Jude Law, el papa fumador de la serie de televisión de Paolo Sorrentino.

Después está la periodista Claudia Marchionni, que sigue a Prevost por la calle para el programa de televisión *4 di sera* y consigue que hable. Prevost, siempre sonriente, también parece un poco confuso.

Eminencia, perdón, pero muchos le apoyan. En estos días, muchos esperan que sea el nuevo papa.

«Todo está en manos del Espíritu Santo».

¿Es lo único que puede decir a los que le apoyan?

«Lo único. A todos. Que se trata sobre todo de un acontecimiento de la Iglesia, una Iglesia de fe que quiere buscar la voluntad de Dios, que quiere estar cerca de los que sufren. Y entonces estamos en sus manos. No puedo decir nada más porque no sé nada más. Gracias».

Quienes le apoyan destacan su equilibrio, el hecho de que naciera en Chicago, pero que conozca muy bien América Latina. Está vinculado a Roma, conoce bien a los obispos por el papel que Bergoglio le ha confiado. ¿Todo eso es cierto?

«Todo eso es cierto, sí, sí».

¿Y si el Espíritu Santo le eligiera?

«Estamos en sus manos, gracias».

Luego está el algoritmo de Bocconi sobre las «redes relacionales» del colegio cardenalicio, que acierta: Robert Francis Prevost fue señalado como uno de los favoritos en el estudio de tres expertos: Giuseppe Soda, Alessandro Iorio y Leonardo Rizzo. Soda: «La elección de Robert Francis Prevost es el resultado de características personales, pero también de un proceso organizativo muy preciso en el que el pontificado de Francisco ha incidido de modo relevante. Así pudimos predecirlo, utilizando algoritmos que sirven para estudiar las organizaciones humanas. Prevost emergía como el cardenal con el indicador de estatus más alto, bien conectado digitalmente, pero también vinculado a cardenales a su vez muy centrales. Esta posición amplía la visibilidad y refuerza el proceso de construcción del consenso. Ser tan central es el resultado de decisiones organizativas orientadas por las decisiones del papa Francisco».

Los cardenales que van a hablar en la televisión o se hacen entrevistar por los periódicos explican que el próximo papa no será el sucesor de Francisco, sino el sucesor de Pedro. Se trata de un extraordinario y refinado artificio dialéctico, estudiado para evitar que la discusión con los malditos periodistas se concentre en Francisco, en el escándalo Francisco, en las cuestiones que ha abierto Francisco, en los problemas que no ha resuelto Francisco. A buen seguro que el próximo papa no se atreverá a llamarse Pedro II. Sin embargo, no se puede descartar del todo que se anuncie como el segundo Francisco.

Así pues, para entender lo que está en juego, no se puede partir de Pedro. Hay que partir de Francisco.

Francisco, un perito químico argentino cuyo nombre era Jorge Mario Bergoglio, alguien que había pasado su juventud trabajando como limpiador en una fábrica y luego como portero en un club nocturno de Córdoba, fue elegido papa el 13 de marzo de 2013. Se asoma al balcón a las 19:06. Saluda con un «Buenas noches». Se presenta con una sotana blanca, sin ninguno de los ornamentos previstos desde hace siglos para los papas. Luego, los zapatones, los coches destartalados, el rechazo de todo lujo. Se hace entrevistar por el no creyente Scalfari y dijo que «la corte es la lepra del papado», que el infierno no existe, que es mejor ser un ateo inquieto que un católico de salón. Y, después, una tras otra: «No somos una ONG», «Sed madres, no solteronas, que vuestra castidad sea fecunda» (a las monjas), «San Pedro no tenía un banco», «la globalización de la indiferencia» (contra las finanzas mundiales), «la Iglesia es un hospital de campaña». En una entrevista concedida a *La Civiltà Cattolica*, ni siquiera parece demasiado antiabortista. En el avión que lo llevaba de vuelta a Roma desde Brasil, dice a los periodistas: «Si una persona es gay y busca al Señor y tiene buena voluntad, ¿quién soy yo para juzgarla?». Quería «ir mar adentro sin saber el resultado de la navegación»; ordena arrestar a algunos sacerdotes pedófilos; instala duchas para las personas sin techo bajo la columnata de Bernini (con ropa interior de recambio y un kit con toalla, jabón, pasta de dientes, maquinilla de afeitar, espuma de afeitar y desodorante); recibe al comunista Raúl Castro con un «Bienvenido»; celebró una misa en Cuba bajo un retrato del Che; conecta en la encíclica *Laudato si'* de 2015 la crisis medioambiental con la crisis social y culpa de ambas a la indiferencia de las finanzas mundiales; habla en el Congreso de los Estados Unidos y grita: «Si la política debe estar verdaderamente al servicio de la persona humana, de ello se deduce que no puede estar sometida al servicio de la economía y las finanzas». Cita a Luther King y Lincoln, que no eran católicos; va a África a hablar con los musulmanes; abre en 2016 el diaconado femenino (en 2021 institucionaliza la presencia de mujeres en el altar durante la misa para la lectura de los textos sagrados [lectorado] y como distribuidoras de la eucaristía [acolitado]), y abraza al patriarca ortodoxo Kirill. En 2017, abraza en El Cairo al imán al-Tayyib, a quien le dirá: «Somos hermanos y hermanas bajo el sol de un solo Dios». Se niega a recibir a Trump por su política migratoria («Quien construye muros y no puentes no es cristiano»); toma el tranvía en Cracovia para llegar al lugar de la misa y luego aborda cuestiones de género con estas palabras: «Hoy en día, a los niños –¡a los niños!– se les enseña en la escuela que cada uno puede elegir su sexo. ¿Y por qué se enseña esto? Porque los libros son de personas e instituciones que os dan dinero. Se trata de colonizaciones ideológicas, apoyadas también por países muy influyentes. […] Dios creó al hombre y a la mujer; Dios creó el mundo así, así, así…, y nosotros hacemos lo contrario». Declara a *La Civiltà Cattolica*: «En el Vaticano hay corrupción». Y añade: «El Evangelio hay que tomarlo sin calmantes». Se pone de acuerdo con los chinos a fin de elegir conjuntamente a los obispos (los chinos le traicionarán); va a los Emiratos y exhibe un logotipo del que hizo quitar la cruz para no herir la sensibilidad local. Recibe sin problemas al presidente estadounidense Biden, crucificado por una parte del clero estadounidense por ser católico, pero no oponerse al aborto. El filósofo Natoli, al reseñar la encíclica *Fratelli tutti*, se pregunta: «¿Y si este fuera el último papa de la tradición católico-romana? ¿Y si estuviera naciendo un cristianismo diferente?».

Cuando los rusos invadieron Ucrania, se mantuvo en una línea prudente: Moscú intervino con una brutalidad y una ferocidad innegables, pero discernir exige no fijarse solo en el peligro ruso: «El peligro es que solo veamos esto, que es monstruoso, y no veamos todo el drama que se está desarrollando detrás de esta guerra, que quizá de algún modo haya sido provocada o no impedida. Y veo el interés por probar y vender armas. Están ladrando a las puertas de Rusia. Y no entienden que los rusos son imperiales y no permiten que ninguna potencia extranjera se acerque a ellos». Es evidente que el papa quiso mantener una línea que no imposibilitara, en su caso, la mediación del Vaticano. Hablaba de una «guerra por partes». No tomó una posición clara, evidentemente por las mismas razones, ni siquiera en el momento de la guerra entre Hamás e Israel. Sin embargo, clamó por los horrores de Gaza, y llegado el momento de su muerte, las condolencias de Israel fueron, por así decirlo, problemáticas.

También hizo trizas la curia, barriendo a los zorros y los cuervos. Pero no supo crear una nueva curia, es decir, un gobierno que lo ayudara a dirigir la Iglesia en el millón de asuntos prácticos y teóricos que debe resolver en todas partes del mundo. Incluso los sínodos, convocados con la esperanza de una mayor colegialidad, también terminaron de forma decepcionante. En el momento de su muerte, y tras la gravedad de aquellas posturas, se tiene la sensación de que la Iglesia está en plena desbandada.

En Roma aparecieron muchos manifiestos en su contra. El cardenal Viganò y el cardenal Burke dijeron o dieron a entender que se trataba de un anticristo. El arzobispo de Utrecht, Willem Eijk, acusó a Francisco de querer permitir la comunión a los protestantes. Antes de la muerte de Ratzinger (31 de diciembre de 2022), cada vez más católicos sostenían que él era el verdadero papa. Incluso se elaboraron documentos que proponían ideas alternativas a las que practicaba Francisco y supuestamente firmados por Benedicto XVI. Sin embargo, este último, con más de 90 años, ya no parecía estar en pleno uso de sus facultades mentales. Una serie de teólogos, profesores universitarios y hombres de Iglesia acusa a Francisco de herejía: por acoger a los migrantes apoyó a la abortista Emma Bonino, quiso dar la comunión a los divorciados, etc. El documento en cuestión fue traducido a siete idiomas. Francisco no respondió, pero el 10 de septiembre, en el avión que lo llevaba de vuelta a Italia desde África, dijo a los periodistas: «No tengo miedo al cisma».

El 3 de mayo, a pocos días de la apertura del cónclave –prevista para la tarde del día 7–, Matteo Matzuzzi, uno de nuestros más inteligentes vaticanistas, recordó en *Il Foglio* ciertas ideas de Francisco sobre las periferias:

«Las periferias, categoría fundamental del pontificado de Francisco. Periferias geográficas, sí, pero también sociales y culturales. Periferias existenciales, sobre todo. [...] En una entrevista concedida hace unos años a un periódico argentino, decía que "cuando hablo de periferia hablo de límites. Normalmente nosotros nos movemos en espacios que de alguna manera controlamos. Ese es el centro. Pero a medida que vamos saliendo del centro vamos descubriendo más cosas. Y cuando miramos el centro desde esas nuevas cosas que descubrimos, desde nuestras nuevas posiciones, desde esa periferia, vemos que la realidad es distinta. Una cosa es ver la realidad desde el centro y otra cosa es verla desde el último lugar a donde vos llegaste. Un ejemplo. Europa, vista desde Madrid en el siglo XVI era una cosa, pero cuando Magallanes llega al fin del continente americano y mira Europa, desde ahí entiende otra cosa. La realidad se ve mejor desde la periferia que desde el centro. También la realidad de una persona, de las periferias existenciales e incluso la realidad del pensamiento. Vos podés tener un pensamiento muy armado, pero cuando te confrontás con alguien que está fuera de ese pensamiento de alguna manera tenés que buscar las razones del tuyo, empezás a discutir, te enriquecés desde la periferia del pensamiento del otro". En *Fratelli tutti* escribió que "hay periferias que están cerca de nosotros, en el centro de una ciudad, o en la propia familia". ¿Qué es entonces la periferia, la verdadera? –se preguntó Matzuzzi– ¿Es la isla en medio del océano que realmente cree que Jesús es el hijo de Dios, o una de nuestras magníficas catedrales góticas, a menudo reducidas a museos para turistas desinteresados que utilizan los bancos (cuando aún los hay) para relajarse y tal vez echar una siesta a la sombra después de pasear por los centros comerciales y la escapada a un buen museo? ¿Debe hacerse la evangelización en los territorios históricos de misión o tenemos que volver a hacerla aquí, en nuestras calles y en nuestras plazas?».

Capítulo VI

Los purpurados hacían cola para los bocadillos de Mordi.

Los dos que se zamparon carbonara y *saltimbocca* en Cibofficina.

El que se puso a charlar con un colega en su habitación en Santa Marta, mientras él y su amigo se bebían todas las botellitas del minibar, y luego el cardenal se enfadó cuando se las cobraron (durante el cónclave, sin embargo, están prohibidas las bebidas alcohólicas de alta graduación).

El arzobispo Anselmo Guido Pecorari y el cardenal Mario Zenari, sentados en la Taverna y bien saciados, admitían haberse «zampado unas alcachofas a la romana que ni te cuento».

El que se manchó la sotana con el bocadillo trata de limpiársela a escondidas con sus manos.

Los otros que se presentaron vestidos de paisano con la esperanza de no ser reconocidos.

También se llega a saber que en Santa Marta se come ligero (el cardenal Piacenza: «pescado, arroz…»).

Se rumorea que durante el cónclave solo habrá mantequilla y parmesano (una antigua tradición: el papa Gregorio X estableció que, a partir de cierto momento, la comida en el cónclave fuera racionada para que se los cardenales se dieran prisa).

También se cuenta que dos cardenales franceses disfrutaron de un helado después de cenar en Hedera, en Borgo Pio.

Y el cardenal Cano, que el último día se coló en Campo de' Fiori para tomar una cerveza y una alcachofa a la romana.

Sin embargo, «desde hace dos días, los cardenales no se dejan ver en las *trattorie* de los alrededores del Vaticano» (Iacopo Scaramuzzi, *Repubblica*).

¿Por qué nos parece significativo que los cardenales coman, y a veces incluso en *trattorie*?

El cardenal Chomali publicó un vídeo en el que se le veía lavando su camisa en el lavabo de su habitación.

El cardenal Zuppi fue a afeitarse a una barbería de Borgo Pio.

El cardenal Burke se pasó todo el día rezando.

El equipo de Antenna 3 visitó a Maria Tadini, de 90 años, que nunca había estado en Roma y es madre del cardenal Pizzaballa. La señora cuenta: «Un día no encontraba unos libros. Mi marido descubrió que los había puesto en fila y había construido un altar con ellos. Tenía seis años».

Los tres cardenales más jóvenes (Mykola Byčok, de 45 años, Giorgio Marengo, de 50, y Américo Manuel, de 51), se hicieron un selfi dentro de San Pedro el día del funeral de Francisco.

El cardenal Re abrazó al final de la misa al cardenal Parolin y le dijo: «Doble enhorabuena».

El cardenal Bertone, que rendía homenaje a los restos mortales de Francisco en Santa Marta, se encontró con un amigo y le dijo: «En 2013 no hubo un papa italiano porque los italianos estábamos todos divididos, pero esta vez no será así».

El *New York Times* informó de un aumento del 283 % en las visualizaciones de *Cónclave*, de Edward Berger.

Bruno Vespa se presentó en *Cinque Minuti* con una maqueta de la Capilla Sixtina.

El cardenal Jean-Paul Vesco, arzobispo metropolitano de Argel, que es capaz de correr una maratón en dos horas y cincuenta y dos minutos, siempre es el último en llegar a las reuniones.

El cardenal Dolan que calificaba de «ofensiva» la foto de su presidente, Donald Trump, vestido de papa.

Las *boutiques* de sotanas de los callejones alrededor de San Pedro estaban llenas de conclavistas ansiosos por presentarse a la cita más importante de su vida revistiéndose de autoridad.

El sastre del Vaticano se llama Raniero Mancinelli, tiene 86 años, un minúsculo taller en Borgo Pio, lleva el metro colgado al cuello, plancha las sotanas con la misma plancha desde 1962 («para vosotros es una pieza de museo, pero ya no existen planchas como esta»). Lo mismo ocurre con la máquina de coser (tres bobinas de hilo de los colores rituales de las vestimentas eclesiásticas –blanco, negro y púrpura–, además de un par de tijeras enormes). La sotana que está confeccionando ahora está hecha de la misma tela que le gustaba a Francisco. «Nada valioso, lana ligera y terlenka que no se arruga fácilmente. No le gustaban las cosas caras. A veces me ponía en apuros. Me decía: "Piénsalo tú". Y yo le respondía: pero Santidad, ¿qué entiende por cosas sencillas? Porque, ¿sabes cuántas veces intenté convencerlo de que se pusiera, al menos en verano, unos pantalones grises, más claros, más ligeros? Pero él no quería saber nada: siempre negro, zapatos negros y pantalones negros». Bergoglio se presentó en Mancinelli vestido completamente de negro, cuando aún era cardenal. El sastre recuerda perfectamente su primer encuentro. «Vino aquí a comprar una faja y, cuando le dije el precio, me respondió: "Ah, pero tú eres un buen ladrón". La compró, pero debió de usarla poco, porque luego se convirtió en papa. Otra cosa que le vendí fue la cruz que llevó hasta el final». Es inútil preguntarle a Mancinelli el precio del hábito «económico» que está preparando: «Esta tela cuesta cincuenta euros el metro… por decir algo. La que le gustaba a Benedicto XVI costaba al menos el doble». «A Ratzinger le gustaban las telas nobles, la seda y la lana, y quería ropa gruesa porque era muy friolero. Juan Pablo II fue quizás el más fácil de vestir. "Elige tú por mí", me decía, y eso me llenaba de orgullo. Y luego llegó Francisco: como he dicho, ya había venido a verme cuando era cardenal, y cinco o seis meses después de su elección fui a visitarlo y le ofrecí mis servicios. Y así me convertí en su sastre. Pero no había forma de proponerle nada que no fuera lo esencial. Una vez le llevé una caja para guardar su solideo y, riendo, me dijo: "¿Para qué la quiero? El solideo la llevo en la cabeza, no en una caja"». Mancinelli preparó, además de la sotana y el solideo, también las mucetas rojas, «por si el nuevo papa quiere vestirse de papa» (Alessandra Ziniti).

En cuanto a la chimenea, mide unos treinta metros de altura y está compuesta por treinta y dos tubos y codos, seguidos de unos veinte metros de conducto fijo previamente montado, que llega hasta el desván. La parte superior, que sobresale al exterior, mide un metro y medio de largo y, naturalmente, es resistente a la lluvia. Es de cobre por fuera y de acero por dentro. También está equipada con un dispositivo electrónico de calefacción para facilitar la salida inmediata del humo que sale de las dos estufas. La primera estufa, donde se queman las papeletas, es de 1938. La segunda, donde se crea la fumata negra o blanca, es de 2005. Se trata de una estructura compleja que debe garantizar que los colores blanco y negro del humo se vean lo más claramente posible. Una vez que los bomberos la montaron, se realizaron pruebas con humo amarillo.

«Pero, ¿desde cuándo existe la fumata, que en el siglo XIX todavía se llamaba *sfumata*? Al menos desde que los papas son elegidos en la Capilla Sixtina, es decir, desde las últimas décadas del siglo XV. Sin embargo, sabemos que esta tradición se respetó también en las elecciones papales celebradas en el Palacio del Quirinal (la última vez en 1846, para la elección de Pío IX). Allí también se instalaba, detrás del altar, una pequeña chimenea de hierro con un tubo por el que el humo podía salir a través de un agujero practicado en la fachada exterior del palacio. Las papeletas se colocaban sobre una rejilla dentro de la chimenea y se quemaban con paja húmeda. El humo blanco que salía del Quirinal podía ser visto por el artillero que se encontraba en Castel Sant'Angelo. Este anunciaba a la ciudad con salvas que se había elegido un nuevo papa» (Agostino Paravicini Bagliani).

Las casas de apuestas internacionales estiman que se necesitan entre cinco y ocho fumatas antes de llegar a la blanca.

Los cardenales electores, es decir, los que aún no han cumplido los 80 años, eran ciento treinta y cinco (de doscientos cincuenta y dos). De estos ciento treinta y cinco, ciento ocho fueron nombrados por el papa Francisco, veintidós por el papa Benedicto XVI y cinco por el papa Juan Pablo II. El grupo más numeroso era el europeo, con cincuenta y tres cardenales, seguido del asiático (veintitrés) y el africano (dieciocho). Sin embargo, solo ciento treinta y tres cardenales entrarán efectivamente en el cónclave: dos han preferido, o han querido o se han visto obligados a renunciar. Aun así, nunca ha habido en la historia un cónclave tan numeroso. Para elegir al papa se necesitan dos tercios de los votos, es decir, en este caso, ochenta y nueve. Se podría decir que es una montaña difícil de escalar. Los purpurados proceden de setenta y un países diferentes, no se conocen entre ellos y existe también un problema lingüístico. Antes del cónclave, los cardenales se reúnen en las llamadas «congregaciones», asambleas abiertas también a los no electores, en las que cualquiera que lo desee puede tomar la palabra para intentar darse a conocer. Se celebraron ocho de estas congregaciones, en las que se pronunciaron unos doscientos cincuenta discursos.

«Ahora tres minutos de silencio para reflexionar. Reflexionad y luego empezad a hablar entre vosotros, con vuestros vecinos, y si queréis, pedid la palabra...». Sesenta levantaron la mano. Sin embargo, solo treinta pudieron hablar. Pero nadie se ofendió. La reunión duró dos horas (Fabrizio Caccia).

«Otro tema muy escuchado ayer en la reunión –planteado en particular por los cardenales italianos– fue el de "estar más cerca y ayudar más a los sacerdotes y obispos", que se sienten abandonados: "Muchos candidatos al episcopado renuncian porque no todo es esplendor. Hay quien dice: ¿para qué me voy a meter en esto?"» (*ibid.*).

Giuliano Ferrara, el ateo devoto que adoraba a Ratzinger y a quien no le gustaba Francisco, dijo: «Los sucesores de los apóstoles son los obispos, y eso ya no es poca cosa como adorno y oficio, pero los cardenales tienen además una dignidad especial: el rojo púrpura del martirio y un aura de supremo mando sobre el espíritu y la carne. Cada vez que los veo con sus vestiduras solemnes y caminando hacia el cónclave, envueltos en los prodigios del arte entre baldaquinos e iconos marianos, no dejo de sorprenderme y maravillarme. Siempre ha sido un misterio para mí cómo se puede no admirar a los sacerdotes».

Camillo Langone, el gran escritor al que nunca le gustó Francisco, dijo: «Que este *sabbat* en torno a San Pedro termine pronto. Para un cristiano, es un espectáculo espeluznante. […] El papa es un argumento para los ateos, porque no es cierto que los ateos no crean en nada, creen en muchas cosas y, ante todo, en el poder. Por eso les atrae tanto el Vaticano. […] Este festín de idólatras, adivinos, este pandemónium de selfistas, periodistas, coleccionistas de cardenales, cuclillos de la Iglesia católica, apostadores, adoradores de la Cúpula, admiradores de la escenografía y la sastrería, espectadores de la coreografía… Que termine lo más pronto posible».

Las feministas de la Women's Ordination Conference, que reclaman la ordenación de las mujeres como diáconas, anuncian para las 18:00 horas de hoy, 7 de mayo, primer día del cónclave, una fumata rosa sobre la plaza de San Pedro.

Capítulo VII

Es el 7 de mayo, el día fijado. Los cardenales asisten en la Capilla Paulina, en el primer piso del Palacio Apostólico, a la misa *Pro eligendo Romano Pontifice*, celebrada por el cardenal Re. A continuación, se colocan en filas de dos y se dirigen en procesión a la Capilla Sixtina recitando las letanías de los santos. Tardan un cuarto de hora. Una vez allí, el cardenal Parolin pronuncia el juramento en nombre de todos, al que sigue el juramento de cada cardenal según una fórmula personal.

Matzuzzi: «El latín exhibido por los eminentísimos durante el juramento se ha mostrado al nivel de una clase de secundaria que hubieran sido enviados a septiembre».

El juramento general, pronunciado en latín, dice: «Todos y cada uno de nosotros cardenales electores [...] prometemos, nos obligamos y juramos que quienquiera de nosotros que, por disposición divina, sea elegido Romano Pontífice, se comprometerá a desempeñar fielmente el *munus petrinum* de pastor de la Iglesia universal y no dejará de afirmar y defender denodadamente los derechos espirituales y temporales, así como la libertad de la Santa Sede». Las demás promesas del juramento se refieren al compromiso de guardar el secreto y de «no apoyar o favorecer ninguna interferencia, oposición o cualquier otra forma de intervención con la cual autoridades seculares de cualquier orden o grado, o cualquier grupo de personas o individuos quisieran inmiscuirse en la elección del Romano Pontífice». A continuación, cada uno de los electores, acercándose al Evangelio y poniendo la mano sobre él, añade: «Y yo prometo, me obligo y juro. Así Dios me ayude y estos Santos Evangelios que toco con mi mano».

Son las 17:42. En este momento, el arzobispo Ravelli, maestro de liturgias pontificias, pronuncia el *extra omnes* [fuera todos] y cierra las puertas de la Capilla Sixtina. Tras el canto del *Veni creator Spiritus* (siglo IX), Ravelli y el cardenal predicador, Cantalamessa, se unen en oración a los electores y luego abandonan la capilla, en cuyo interior comienza el primer turno de votaciones.

«La Capilla Sixtina ha sido amueblada con sillas de cerezo, marcadas con el nombre y apellidos de cada cardenal elector, así como mesas de madera sin pulir, cubiertas con un paño beis y satén burdeos, dispuestas en dos filas de diferente nivel. Delante del altar, bajo el *Juicio final* de Miguel Ángel, se ha dispuesto una mesa para la urna de madera sin pulir donde se recogerán las papeletas con los votos, y un atril con el Evangelio para el juramento. Los cardenales […] no caminarán sobre el suelo cosmatesco de la Capilla Sixtina, sino sobre una estructura plana de madera cubierta con un paño beis, a una altura de entre cincuenta y sesenta centímetros del suelo y alineada con el segundo escalón del altar. Para cada purpurado se ha previsto también una bolsa de terciopelo para recoger las papeletas y las tarjetas con su nombre, junto con una pluma, una carpeta roja de apoyo y una papeleta para el escrutinio. Los cardenales llevarán su voto precisamente al altar, frente al *Juicio final*» (Mimmo Muolo).

En las papeletas de voto está escrito «*Eligo in summum Pontificem*» [Elijo como Sumo Pontífice], seguido de un espacio en blanco.

Las papeletas con el voto se depositan en un plato y luego se dejan caer en un cáliz. El último de los tres escrutadores lee el nombre del votado y luego perfora la papeleta con una aguja en la que se ha introducido un hilo, que unirá todas las papeletas. Una vez finalizado el escrutinio, las papeletas atadas se queman en la primera estufa, junto con las notas del día; en la segunda estufa se queman sustancias que tiñen la fumata de blanco (*quorum* alcanzado) o de negro (*quorum* no alcanzado, se vuelve a votar).

«Decenas de miles de ojos fijos en la misma dirección, en tensión. Las miradas clavadas en la chimenea, situada en el techo de la Capilla Sixtina, donde esperan impacientes durante más de dos horas en una plaza de San Pedro llena hasta los topes. Un afecto desbordante, con fieles y curiosos hasta perderse de vista, hasta Piazza Pia, en un *crescendo* de emoción. A las 21:01, el humo negro se veía con dificultad bajo el cielo ya oscuro. Tras un grito coral, poco a poco aparecieron en los rostros las sonrisas de quienes, en el fondo, se lo esperaban en la noche del primer escrutinio, pero que con el paso del tiempo habían esperado una sorpresa» (Palmucci, *Avvenire*).

«Una familia polaca permaneció inmóvil durante varias horas frente a la pantalla gigante de la plaza, para no perder su sitio. Muchos llegaron desde primera hora de la tarde y se sentaron en el suelo con banderas sobre la cabeza para protegerse del calor. Dos novios de Nápoles rompieron en aplausos cuando su cardenal, Mimmo Battaglia, prestó juramento. Hubo más aplausos para el juramento del cardenal Luis Antonio Tagle, y otros aún para el del cardenal Matteo Zuppi» (*ibid.*).

Jueves, 8 de mayo, 18:45 h, sale humo blanco de la chimenea. Se ha votado tres veces en vano, y en el cuarto turno se ha alcanzado el *quorum*. La noticia llega al mundo en un relámpago. Miles de personas corren hacia la plaza de San Pedro, la llenan, llenan también la Via della Conciliazione, hasta el Tíber. Se sabe que ha sido elegido, pero ¿quién es? Espera espasmódica, gritos de estadio, banderas. Finalmente, a las 19:13, se abre la ventana y aparece el protodiácono, Dominique Mamberti, nacido en Marrakech el 7 de marzo de 1952, en este momento y durante unos minutos más, el hombre más importante del mundo. Sin embargo, espera, sonríe, mira a la multitud, tal vez deseando un poco de silencio, pero ¿cómo callar, cómo, cómo, cómo?

Le colocan delante un atril. En un latín agraciado por la pronunciación francesa, lee la famosa fórmula: «*Annuntio vobis gaudium magnum...*». Demasiados gritos y una pausa forzada «... *habemus papam...*». Más gritos, como si alguien hubiera marcado un gol. Ahora falta el nombre. El nombre, el nombre, el nombre.

«*Eminentissimum ac reverendissimum dominum...*», la multitud enloquece, «*Robertum Franciscum Sanctae Romanae Ecclesiae cardinalem Prevost*». La multitud se queda en silencio. ¿Quién es?

Algunos peruanos exultan y, como vimos más tarde, saltan de alegría en Perú y en muchos hogares estadounidenses (no todos). Los estadounidenses gritan incrédulos: «*An American Pope! An American Pope!*» (hay incluso una declaración de Silvio Orlando, cardenal Voiello en la serie de Sorrentino, que dice: «¡El primer papa estadounidense lo hemos hecho nosotros!»).

Por fin aparece el nuevo papa en el balcón. El cardenal Mamberti ya nos ha informado de que ha elegido para sí el nombre de León XIV. Así pues, en primer lugar, no es un Francisco II. Y, en segundo lugar, «se ha vestido de papa», como diría el viejo sastre Mancinelli, es decir, con la muceta de raso rojo, la estola y la cruz con las cinco reliquias agustinianas (un fragmento óseo de san Agustín, una reliquia del cuerpo de su madre, santa Mónica, y tres fragmentos que pertenecieron a los cuerpos de Tomás de Villanueva, Anselmo Polanco Fontecha y Giuseppe Bartolomeo Menochio, obispos agustinos). Son señales importantes de discontinuidad, que, sin embargo, no se confirman en el primer discurso, que leyó de una libreta. Se trata, pues, de palabras bien sopesadas, preparadas de antemano, con las que el estadounidense contaba y que se abstuvo de improvisar como sus predecesores.

Hasta Pío XII, nadie había soñado con pronunciar palabras desde el balcón. Pero después Juan XXIII (discurso de la Luna), el 11 de octubre de 1962, se asomó y dijo: «Mi persona no cuenta nada. [...] *Fratres sumus!* [...]. Regresando a casa, encontraréis a los niños; hacedles una caricia y decidles: esta es la caricia del papa. [...] el papa está con sus hijos, especialmente en la hora de la tristeza y de la amargura», y Wojtyła, el 16 de octubre de 1978: «No sé si podré explicarme bien en vuestra... nuestra lengua italiana; si me equivoco, me corregiréis», y el papa Ratzinger, el 19 de abril de 2005: «... los señores cardenales me han elegido a mí, un simple y humilde trabajador de la viña del Señor.

Me consuela el hecho de que el Señor sabe trabajar y actuar incluso con instrumentos insuficientes», hasta el «Hermanos y hermanas, buenas tardes» de Francisco, vestido con una sencilla sotana blanca y con la cruz, el 13 de marzo de 2013.

El nuevo papa, después de levantar y agitar los brazos en dirección a la plaza abarrotada, un poco tembloroso y con los ojos un poco brillantes, dice: «¡La paz esté con todos ustedes! Queridos hermanos y hermanas, este es el primer saludo de Cristo resucitado, el Buen Pastor, que ha dado la vida por la grey de Dios. También yo quisiera que este saludo de paz entre en sus corazones, llegue a sus familias, a todas las personas, dondequiera que estén, a todos los pueblos, a toda la tierra. ¡La paz esté con ustedes!».

De entre la multitud se oyen gritos: «León, León, León».

«Esta es la paz de Cristo resucitado, una paz desarmada y una paz desarmante, humilde y perseverante. Proviene de Dios, Dios que nos ama a todos incondicionalmente. Aún conservamos en nuestros oídos la voz débil pero siempre valiente del papa Francisco que bendecía Roma».

Fuertes aplausos.

«… el papa mientras bendecía a Roma daba su bendición al mundo, al mundo entero, esa mañana del día de Pascua. Permítanme continuar esa misma bendición: Dios nos quiere, Dios los ama a todos, y el mal no prevalecerá. Estamos todos en las manos de Dios. Por lo tanto, sin miedo, unidos, tomados de la mano con Dios y entre nosotros sigamos adelante. Somos discípulos de Cristo. Cristo nos precede. El mundo necesita su luz. La humanidad lo necesita como puente para ser alcanzada por Dios y por su amor. Ayúdennos también ustedes, luego ayúdense unos a otros a construir puentes, con el diálogo, con el encuentro, uniéndonos todos para ser un solo pueblo siempre en paz. ¡Gracias al papa Francisco! Quiero agradecer también a todos los hermanos cardenales que me han elegido para ser sucesor de Pedro y caminar junto con ustedes, como Iglesia unida buscando siempre la paz, la justicia, procurando siempre trabajar como hombres y mujeres fieles a Jesucristo, sin miedo, para proclamar el Evangelio, para ser misioneros».

Gritos desde la plaza.

«Soy agustino, un hijo de san Agustín, que ha dicho: "Con ustedes soy cristiano y para ustedes, obispo". En este sentido podemos caminar todos juntos hacia esa patria que Dios nos ha preparado. Un saludo especial a la Iglesia de Roma (gritos). Debemos buscar juntos cómo ser una Iglesia misionera, una Iglesia que construye puentes dialogando, siempre abierta –como esta plaza– a recibir con los brazos abiertos a todos, a todos aquellos que necesitan nuestra caridad, nuestra presencia, diálogo y amor. [Continúa en español] Y si me permiten también una palabra, un saludo a todos y en modo particular a mi querida diócesis de Chiclayo, en el Perú, donde un pueblo fiel ha acompañado a su obispo, ha compartido su fe y ha dado tanto, tanto, para seguir siendo Iglesia fiel de Jesucristo. [De nuevo en italiano] A todos ustedes, hermanos y hermanas de Roma, de Italia, de todo el mundo: queremos ser una Iglesia sinodal, una Iglesia que camina, una Iglesia que busca siempre la paz, que busca siempre la caridad, que busca siempre estar cerca especialmente de aquellos que sufren. Hoy es el día de la súplica a la Virgen de Pompeya. Nuestra Madre María siempre quiere caminar con nosotros, estar cerca, ayudarnos con su intercesión y su amor. Quisiera, pues, rezar junto con ustedes. Recemos juntos por esta nueva misión, por toda la Iglesia, por la paz en el mundo y pidamos esta gracia especial a María, nuestra Madre: Dios te salve María, llena eres de gracia, el Señor es contigo, bendita tú eres entre todas las mujeres y bendito es el fruto de tu vientre, Jesús. Santa María, madre de Dios, ruega por nosotros, pecadores, ahora y en la hora de nuestra muerte. Amén».

Capítulo VIII

Los cardenales no pueden hablar. Nunca se debe saber nada de cómo fue el cónclave. Si alguien abre la boca queda excomulgado de oficio. Sin embargo...

Mientras tanto: ¿cómo es que la fumata negra del primer día tardó tanto?

El cardenal Cantalamessa, noventa años, se alargó demasiado en su meditación. Después, los ciento treinta y tres cardenales inexpertos debieron enredarse. Se necesita poco para tener que empezar de nuevo. La otra vez se tuvo que volver a votar porque un cardenal había doblado, inadvertidamente, una hoja en blanco junto con la hoja de papel que contenía su voto.

¿Y cómo fue esta primera votación?

Salieron tres candidatos, cada uno de los cuales tenía más o menos un tercio de los votos. Uno era Parolin, otro Prevost y el tercero, al parecer, el cardenal húngaro Erdö.

Cualquier candidato que sobrepase el tercio de los votos es el dueño de la contienda. Para ganar hay que conseguir dos tercios, así que el que tiene un tercio, si no cede, lo bloquea todo. Aquí teníamos en el punto de partida tres candidatos con posibilidades de obstruir a cualquiera, así que bien podría ser que los eminentísimos se anularan los tres.

Los dos tercios siempre han estado ahí. Pío XII introdujo la variante de los dos tercios más uno, y explicó que le angustiaba la idea de que alguien pudiera votarse a sí mismo. Más tarde, Juan XXIII suprimió ese «más uno».

Erdö, de setenta y dos años, príncipe de los conservadores, no tenía ninguna posibilidad. La gran mayoría de los cardenales habían sido creados por Francisco. ¿Cómo podía alguien pensar que un oponente del papa muerto pudiera ser elegido?

«Buscábamos un pastor teólogo, padre, compañero, amigo. Solícito y cercano a todos los necesitados en cualquier dimensión de la vida y de la existencia» (cardenal Arlindo Gomes Furtado, obispo de Cabo Verde).

Dolan: «Decíamos, será Parolin, será Tagle, pero nunca hablamos de un papa estadounidense, porque nadie se tomaba en serio esta posibilidad. Obviamente, yo sabía algo de Prevost, pero lo consideraba uno de los periféricos. Yo estaba abierto a todos, ya sabes que existe el axioma, el que entra papa sale cardenal. Hasta que en las congregaciones generales muchas personas empezaron a preguntarme: "Eminencia, ¿conoce a este Roberto?". Y yo les decía: "Lo siento, me gustaría ser de ayuda"».

«Acerca de los escrutinios solo hay confidencias inverificables. Una de ellas dice que después del primer recuento del día 7 y de la primera consolidación de votos, Parolin y Prevost estarían muy arriba (el 49 a 38 dicho por algunos es desmentido por otros; y hay quien habla de consensos del estadounidense más elevados que los de Parolin)» (Alberto Melloni).

«Muchos se habían entrenado fuera» (cardenal Matteo Zuppi).

El primer escrutinio fue «una especie de sondeo preliminar» (cardenal Juan José Omella).

Tras este primer escrutinio fueron a cenar a Santa Marta. Y se sacó la primera conclusión segura: los italianos estaban divididos.

«Las divisiones costaron caras en un frente que teóricamente podía contar con diecisiete votos, pero que enseguida se dispersó entre rivalidades y resentimientos antiguos y nuevos. Si algunos moderados italianos se habían convencido de votar al secretario de Estado de Francisco, Pietro Parolin, apostando a que representaría la continuidad con el papa argentino, pero que también frenaría una serie de reformas para las que la Iglesia italiana no estaba tan preparada como, por ejemplo, la alemana, otros se habían concentrado en nombres más berglianos. Cuando quedó claro que ni Zuppi ni Pizzaballa tenían una base de votos capaz de crecer, surgió una nueva división: los que querían ir a lo seguro con Parolin, los que prepararon una especie de plan B, señalando al diplomático italiano Fernando Filoni, un hombre aún más tranquilizador. Pero entre bastidores los americanos, del Norte y del Sur, preparaban la zancadilla con la ayuda, quizá inesperada, de los asiáticos» (Marta Giusti).

A la mañana siguiente, 8 de mayo, dos fumatas negras. Y sobre estas dos votaciones nadie cuenta nada.

Pero de vuelta a Santa Marta para comer, se empezó a hacer política en serio.

Se dice que un tercer purpurado (¿Dolan?) había dado el paso decisivo, enfrentándose a Parolin y demostrándole que no tenía ninguna posibilidad. Una confrontación dramática. En cambio, los sudamericanos (veintiún votos) parecían decididos a converger en Prevost. Y lo mismo hicieron los cardenales estadounidenses (treinta y siete votos). Con el grupo de Parolin, se podía cerrar en el día.

Alberto Melloni: «Un acto de inteligencia política, eclesiástica y espiritual. Una operación sofisticada, de la que Parolin no fue el perdedor, sino el ganador. Pensar que Parolin había llegado a un acuerdo tan importante para conservar la secretaría de Estado haría un flaco favor a la estatura moral y al talento diplomático del hombre que, en lugar de intentar ser papa, prefirió hacer un papa cuyo carácter todos comprenden, pero cuyo pensamiento nadie conoce. Por otra parte, es evidente que si Parolin sigue siendo secretario de Estado ya no tendrá que leer el periódico para saber lo que piensa el papa. La operación ha soldado a los que votaron a Prevost por convicción, a los que le votaron por afecto a Bergoglio, a los que votaron contra Bergoglio y a los que le votaban en espera de escrutinios posteriores».

«La candidatura comenzó a emerger en la recepción de la *Commonwealth*, donde se reunieron todos los cardenales del área anglófona, desde los ingleses hasta el sudafricano Stephen Brislin (un blanco), pasando por las islas Tonga, Pakistán, India. La lengua inglesa marcó esta vez la diferencia para encontrarse, hablarse, estudiarse» (Giusti).

«Timothy Dolan, el cardenal de Nueva York, el hombre de Donald Trump en el Vaticano, fue determinante. Dolan trabajó para recoser las almas divididas de la Iglesia estadounidense. Los antitrumpianos, como Mc Elroy o Wilton Gregory, y los superconservadores, como Di Nardo, se dieron cuenta de que había llegado el momento de jugar como un equipo» (Giusti).

La votación se reanudó hacia las cuatro y media de la tarde. Al cabo de una hora y pico, cayó en la urna la última papeleta. Entonces llegó el momento de los escrutadores: «Prevost, Prevost, Prevost...».

El cardenal Tagle vio que Prevost, mientras su nombre resonaba bajo las bóvedas de la Capilla Sixtina, había empezado a respirar fuerte. Así que se acercó a él y le preguntó: «¿Quieres un caramelo?». El cardenal Prevost respondió: «Sí».

En el octogésimo noveno Prevost, los cardenales se pusieron en pie de un salto y tributaron una ovación al nuevo papa. El cardenal Prevost permaneció sentado con la cabeza entre las manos. El cardenal David, de Filipinas: «Todos teníamos lágrimas en los ojos».

Recibió más de cien votos.

Le tocó al derrotado Parolin, el primero de los cardenales por orden, pronunciar, en latín, la petición de aceptación. «*¿Aceptasne electionem de te canonice factam in Summum Pontificem?*», a lo que el americano respondió: «*Accepto*». Y después: «*Quo nomine vis vocari?*» [¿con qué nombre deseas ser llamado?]. «*Vocabor Leo decimus quartus*».

El sábado 3 de mayo, cinco días antes del cónclave, los cardenales habían sorteado los cargos y Prevost había sido elegido para ayudar a dirigir las reuniones diarias antes de que comenzaran las votaciones. Cuanto más le conocían los cardenales, más apreciaban sus métodos. Tanto es así que el cardenal Joseph W. Tobin, de Newark, le habría dicho: «Bob, podrían proponértelo a ti» (Virginia Piccolillo).

Cuando terminó el cónclave, le preguntaron al cardenal Dolan: «¿Que tal han comido?». Dolan respondió: «Fue un magnífico incentivo para terminar cuanto antes».

«El Espíritu Santo elige, los electores confirman» (cardenal Arlindo Gomes Furtado).

Capítulo IX

«No faltan tampoco los contextos en los que Jesús, aunque apreciado como hombre, es reducido solamente a una especie de líder carismático o a un superhombre, y esto no solo entre los no creyentes, sino incluso entre muchos bautizados, que de ese modo terminan viviendo, en este ámbito, un ateísmo de hecho» (León XIV).

«Felicidades al cardenal Robert Francis Prevost, que ha sido elegido papa. Es un honor que sea el primer papa estadounidense. Qué emoción y gran honor para nuestro país. Espero poder reunirme con el papa León XIV. Será un momento importante» (Donald Trump).

«Dije que el posible ganador inesperado sería Prevost diez días antes, en el programa de Piers Morgan. Hice mis investigaciones. Nadie de los círculos de apuestas o en los principales medios de comunicación hablaba de él. Pero entre bastidores no se hablaba de otro. Había dos problemas que él resolvió. En primer lugar, tenían que encontrar a alguien más organizado, pero ideológicamente alineado con Francisco, para terminar la radical reimaginación de la Iglesia de Bergoglio, que había abandonado la misa en latín y al catolicismo tradicional anterior al Vaticano II. En segundo lugar, desde el momento en que los católicos MAGA [Make America Great Again] y tradicionalistas habían sido capaces de causar tal clamor en los últimos años, el flujo de donaciones procedentes de Estados Unidos se había desplomado casi el cincuenta por ciento. El Vaticano no está en peligro de quiebra porque tiene recursos, pero tiene un problema con el flujo de donaciones, debido principalmente al desplome de la financiación procedente de la Iglesia estadounidense y, en particular, de los grandes donantes como la Papal Foundation. Prevost es perfecto».

Cuando dice que se hablaba de Prevost entre bastidores, ¿se refiere a los donantes estadounidenses?

«No solo a los donantes estadounidenses, tenemos contactos en el Vaticano. Nos llevaron a los tribunales por el monasterio de Trisulti, dijeron que queríamos organizar un anti-Vaticano. Pero las acusaciones eran falsas y recuperamos el monasterio, solo nos ralentizaron. Desde entonces hemos establecido contactos y fuentes increíbles en el Vaticano» (Steve Bannon a Viviana Mazza).

«Estamos caminando hacia el cisma. La gente que quiere traer de vuelta la misa en latín y dar un vuelco al Concilio Vaticano II no cederá y saben que estamos ganando. El antitrumpismo es otro tema: habrá una complicación política, porque el papa se posicionará en contra de las expulsiones masivas. Y eso no lo vamos a tolerar. Los diez millones de inmigrantes ilegales que invadieron el país con Biden se irán: lo haremos de modo humano, con valores cristianos».

Además de la inmigración, ¿prevé otros roces con la Administración estadounidense?

«Creo que sí, yo apoyo poner más impuestos para los ricos y recortes en defensa, pero tendremos que recortar algunos servicios sociales, no nos los podemos permitir. Lo que todo el mundo dice en la tele es que EE. UU. tiene ahora dos líderes mundiales: Trump y el papa. Pero el lunes subiremos el volumen y haremos saber a todo el mundo que ha sido una elección amañada» (*ibid.*).

«Sé lo que hacen en el Vaticano antes de que lo hagan» (Steve Bannon).

«Quisiera expresarle mis más sinceras felicitaciones por su elección como el doscientos sesenta y siete Pontífice de la Iglesia católica y guía espiritual de los fieles de todo el mundo. La República Islámica de Irán, en línea con su enfoque fundamental basado en la promoción de la ética y la defensa de los derechos humanos y la dignidad humana en el mundo a través de la enseñanza religiosa, seguirá –como en el pasado– comprometiéndose a fortalecer las relaciones con el Vaticano y no escatimará esfuerzos para fomentar el diálogo interreligioso, promover la paz y la seguridad mundiales y contrarrestar la violencia, la opresión, la injusticia y la arrogancia. Estamos abiertos a todas las formas de confrontación, sinergia y cooperación con el Vaticano en estos ámbitos» (mensaje al papa León XIV de Seyed Abbas Araghchi, ministro de Asuntos Exteriores de la República Islámica de Irán, titulado *En el nombre de Dios*).

«Es el menos americano de los cardenales americanos» (Marco Travaglio).

«Es el primer papa italoamericano. Es sin duda un gran orgullo para los diecisiete millones de estadounidenses de origen italiano. Tener como papa a un americano de sensibilidad italiana es la mejor combinación que podíamos esperar» (Robert Allegrini, presidente y director general de NIAF, la National Italian American Foundation).

«Caramba, parece que fue ayer cuando le echaba fuera por las escaleras. ¡Y ahora es papa!» (Louis Prevost, hermano de León XIV, trumpiano que apoya a la MAGA, llamó «fenomenal» a Vance, cree que los resultados de las elecciones de 2020 estaban amañados, etc.).

«No todos los días se ve ni mucho menos a un papa recién elegido, todo vestido de blanco, a las 10 de la mañana de un domingo, salir por la puerta de su antiguo alojamiento en la Piazza del Sant'Uffizio, saluda al portero, bordea la entrada petrina, saluda a los guardias suizos, cruza la plaza con sus zapatos negros (como Francisco) y con paso rápido entra en la basílica, para ir a decir misa a las Grutas Vaticanas. Todo esto mientras más de cien mil personas están llegando de Roma, de toda Italia, incluso de medio mundo, para saludarlo y asistir a su debut como papa» (Fabrizio Caccia).

«Bajo la sotana blanca, hizo su aparición la camisa con gemelos en los puños» (Giansoldati).

«Un hombre de Curia con corazón de misionero. O, mejor, un misionero prestado a la Curia. León XIV es un pastor en todos los sentidos» (Riccardo Maccioni).

«Francisco había hecho venir a Prevost a Roma en enero de 2023, tras la muerte de Benedicto XVI; y después de hacerlo cardenal, lo señaló a más de uno como su propio sucesor. Podía haber sido un poco como la llamada de León XIII que se había hecho célebre por su ineficacia ("¡Votad a Gotti!"); en cambio, en esa fase terminal del reinado bergogliano, sonó como el esperado aval a una personalidad y una mentalidad capaces de compensar la imperiosidad de su gobierno» (Alberto Melloni).

«Es una persona muy sencilla, de intensa humanidad. En la línea de Francisco, pero menos áspero. Muy delicado, muy fino, un hombre suave. Es un hombre que crea espontaneidad, algo que al mismo tiempo lo une a Bergoglio y lo diferencia de él. Es más suave. En un mundo que grita, es un americano delicado que representa a todo el continente, incluso a América del Sur. No es el americano yanqui. Es una persona sencilla, que estaba al frente de un dicasterio importante como el de los obispos, y por eso tiene una mirada internacional, pero no le gustaba mostrarse» (cardenal Gianfranco Ravasi).

«Es un papa metapolítico» (Andrea Riccardi).

«No es estadounidense, es de Perú», titula el diario de Lima. También el diario *El Comercio* está publicando todas las fotos que sus lectores se han hecho con Prevost en las últimas décadas. Apavit, la Asociación Peruana de Agencias de Viajes y Turismo, está creando el «Circuito Turístico Papal», es decir, un recorrido por los lugares donde Prevost desarrolló su larga misión. En los puestos peruanos venden ahora camisetas, diseñadas e impresas en una noche, con el rostro del papa León XIV, los textos «Arriba Perú» o «Un saludo a mi querida diócesis de Chiclayo» o incluso con la hostia de la comunión sustituida por un *chifle*, una tapa peruana a base de banana.

«Las grandes oligarquías, y la de los cardenales lo es por excelencia, solo conocen dos modos de proceder en sus decisiones: la renovación en la continuidad, o la continuidad en la renovación. Francisco representó la primera opción, León la segunda [...]. En veinticuatro horas el cónclave hizo una elección que sorprendió incluso a los cardenales que habían quedado fuera por límites de edad. Pero en veinticuatro horas el nuevo papa parece haber (re)hecho ya la unidad de la Iglesia. La muceta roja y la estola bordada en oro, la puntualidad litúrgica, el respeto a las formas han sido apreciados por los conservadores. El sólido vínculo con Francisco, y la furiosa reacción del mundo MAGA en Estados Unidos (Bannon lo calificó de "marxista convencido"), han tranquilizado a los progresistas. La suya será una Iglesia para los católicos, como quería Ruini; pero también será una Iglesia misionera, como lo fue la de Bergoglio» (Antonio Polito).

«Llega a escena un papa tranquilo, moderado, pero rico en experiencias humanas y espirituales que darán importantes sacudidas a los muchos autoritarismos del mundo. Un papa de Chicago, una imagen que hasta ayer parecía más un posible título de una película que una realidad. Su ciudad natal siempre ha sido el motor de Estados Unidos y hoy es el corazón de la resistencia al trumpismo. Es la ciudad que en este momento apuesta por el gobernador demócrata de Illinois, J. B. Pritzker, de 60 años, como posible candidato a la Casa Blanca en 2028. Es la ciudad de Barack Obama, es el epicentro de la cultura estadounidense, es la segunda casa de Riccardo Muti y de grandes artistas. Es un papa del Medio Oeste, un papa "del centro", que se propone como alternativa a las escisiones de nuestra época, y en primer

lugar entre todas, la fuerte división que sufre América»
(Marco Bardazzi).

«Por principio, el papa siempre es bueno» (cardenal
Zuppi).

«No se le considera un "revolucionario", pero tampoco
un conservador rígido. Algunos le califican de "pragmáti-
co espiritual": sabe moverse entre la diplomacia y la pastoral, la doctrina y el discernimiento» (Domenico Agasso).

«Es un monje agustino con un carácter más bien tímido.
Ha acumulado tanta experiencia misionera en su vida, especialmente en América Latina, que casi se le considera una
voz del Sur global. Y su perfil parece realmente suspendido
entre la América del Norte y la del Sur, hasta el punto de
que apenas se puede señalar la frontera en él. Ha tocado con
su mano el origen del fenómeno migratorio de los peruanos,
analizando por añadidura los efectos cada vez más devasta-
dores de la distancia entre el Norte y el Sur. Prevost traza la
línea de conjunción entre el Norte y el Sur, entre la América
rica y la de los inmigrantes, en línea con la herencia dejada
por Bergoglio. Quienes lo conocen bien dicen que su trato
cordial esconde en realidad un puño de hierro en un guante
de terciopelo: un hombre decidido, pero con cierto tacto»
(Giansoldati).

«No importa los problemas que tenga, mantiene el buen
humor y la alegría» (padre Fidel Purisaca Vigil, director
de comunicaciones de la antigua diócesis de Prevost en
Chiclayo, declaraciones a AP).

«Con un efecto de sorpresa digno de Belli, los topos cardenales se apresuraron y empujaron a la Logia de las Bendiciones a un elegante príncipe de la Curia, con muceta, estola y roquete en su sitio; bendición muy latina; indulgencia oportuna y un avemaría a coro dedicado a la venerada Virgen de Pompeya; una personalidad autónoma hasta por el nombre leonino que eligió; rostro bellísimo, mirada nada tortuosa, ligeramente melancólica, como corresponde a un agustino (Lutero tenía ese aire, pero no era melancólico, más bien era un furibundo de Dios); actitud abierta al mundo como un buen gerente de Goldman Sachs (blasfemia) y en contradicción con doce años de peroratas y letanías pauperistas y pacifistas y buenos días y buenas noches» (Giuliano Ferrara).

«Es una digna vía media, no tiene excesos. Bendice a los niños, no los toma en brazos» (padre Michele Falcone, hermano agustino de León XIV).

«Hasta antes de la homilía de ayer por la mañana en la Capilla Sixtina, el papa León encarnaba a mis ojos una perfecta manifestación del concepto áureo de *complexio oppositorum* (complejo de contrarios o, más eficazmente, conjunción de los opuestos). Pero ayer por la mañana me sorprendieron negativamente dos pasajes de su primera homilía, por lo demás muy hermosa (sobre todo esas palabras sobre "desaparecer para que Cristo permanezca"), y me surgieron algunas dudas sobre su capacidad de servir a la preciosa lógica de la *complexio oppositorum* que tanto necesita nuestro tiempo. Me refiero en primer lugar a su equiparación entre la opinión de quien considera a Jesús solo como una especie de líder carismático o superhombre y el "ateísmo fáctico". Con respecto a la primera afirmación del papa León, yo pregunto: pero los que niegan la naturaleza divina de Jesús o la evalúan de forma diferente al dogma cristiano, ¿viven en un "ateísmo fáctico"? Yo pienso precisamente que no» (Vito Mancuso).

«Hasta ahora teníamos a Francisco que hablaba con lobos. Ahora tenemos a un León, que ahuyentará a los lobos» (cardenal Nemet).

«Incluso su primera homilía como papa recordó a las de Ratzinger, cuando hablaba de un extendido "nuevo arrianismo" que no cree en la divinidad de Jesús. Y al citar a san Ignacio de Antioquía, con la necesidad de "desaparecer y hacerse pequeño para que Cristo sea conocido y glorificado", hay quien vio el anuncio de menos exhibicionismos con respecto a los de Francisco. Pero es pronto para decirlo» (Vittorio Sabadin).

«Yo también he rezado en esta rúbrica por el papa mínimo, pero temía otro maximalista, otro incontinente, otro rimbombante. Y en cambio he aquí un papa que elige modestamente un nombre ya elegido en el pasado en lugar de, arrogantemente, un nombre inédito (y no un nombre que amenace con nuevas convulsiones como habría sido Francisco II, sino el de un viejo pontífice bonachón y olvidado). Y en cambio aquí tenemos a un papa que en la primera aparición en un momento dado se calla para dejar hablar al *Ave Maria*. Y en cambio aquí hay un papa que en su primera homilía propone y se propone "desaparecer para que Cristo permanezca", "hacerse pequeño para que él sea conocido y glorificado". ¡Viva el papa mínimo!» (Camillo Langone).

«"Cuanto más tiempo pasa", admite Purisac, "más convencido estoy de la idea de que León XIV es un proyecto de Bergoglio". El papa argentino ha jugado al *truco*, el amadísimo juego de cartas de su país. Tenía la carta más alta protegida de los ojos indiscretos, sabiendo que, al final, ganaría a las demás» (Guanella).

«Sigo considerándome un misionero» (León XIV).

Capítulo X

¿Qué le gusta hacer en su tiempo libre?

«Me considero un tenista aficionado. Desde que salí de Perú he tenido pocas ocasiones de practicarlo, así que tengo muchas ganas de volver a la pista (risas). Aunque mi nuevo trabajo no me ha dejado mucho tiempo libre para ello hasta ahora. Me gusta mucho leer, dar largos paseos, viajar, conocer sitios nuevos y disfrutar del campo en un entorno diferente. Disfruto relajándome con amigos y conociendo a gente variopinta de cuyos dones aprendo y aprecio sobremanera» (a Ricardo Morales Jiménez).

«Parece que tiene un revés formidable» (Giansoldati).

Cada domingo jugaba a tenis con su secretario, un sacerdote de la diócesis de Chiclayo, en la cancha del Instituto Patrístico Augustinianum. Una cancha con vista de cúpula. Hermano Andrés Felipe Romero: «Este es un lugar muy hermoso para la oración. Los domingos, hasta Prevost se tomaba una pausa aquí. Y, además, con una cancha libre y con esta vista, ¿cómo no hacerlo?».

«¿Un partido con él? Incluso mañana» (la campeona de tenis Flavia Pennetta).

A un cronista que le pidió que organizara un partido de tenis con fines benéficos, le respondió: «Claro, está bien». «Traeré a Agassi», insistió riendo. Y él: «Basta con que no traiga a Sinner». Sinner es el número uno, y en inglés su apellido significa «pecador» (Mario Ajello).

En Instagram se puede ver un vídeo en el que un tipo persigue a León XIV, que está en un coche, sentado junto al conductor, y con el cristal bajado. El tipo consigue aferrarle la mano y le grita: «*¡Forza Roma!*». León XIV, riendo, responde con prontitud: «¡Siempre *forza*!».

Parece que también es hincha del Atlético de Madrid.

En baloncesto se decanta por el equipo masculino de Villanova, donde se licenció en Matemáticas.

Una vez Paolo Mastrolilli fue a casa de John, su hermano. John tenía el órgano en el salón, colocado bajo cuatro espectaculares cuadros de Roma. Se puso a los teclados y entonó *Here Comes The Rain Again* de los Eurythmics. Dice: «Él me enseñó a tocar. Si toco, lo siento cerca. Le gusta todo tipo de música, incluso la pop».

Mildred, su ahijada de Chulucanas, explica: «Adora la música criolla, típica de Perú, y le gusta cantar. Nunca perdió este rasgo, ni siquiera cuando se convirtió en cardenal. Eso me sorprendía. Me decía a mí misma: "Pero cómo es posible, este hombre es colaborador del papa Francisco, ha estudiado muchísimo, ha recorrido el planeta. Y apenas llega a la zona llama a mi papá y lo recibe como a un hermano"».

«San Agustín decía que quien canta reza dos veces» (León XIV).

«Ayer a mediodía, no dudó en cantar al micrófono la oración del *Regina coeli* al micrófono desde la Logia de las Bendiciones. Y no se limitó a salmodiar su *incipit*, sino que siguió modulando el fragmento bastante entonado y ni siquiera con el menor asomo de inseguridad, seguido por las voces de cien mil personas, una legión que llenaba San Pedro y casi toda la Via della Conciliazione» (Giansoldati).

También le gustaba jugar al pilla-pilla, al Monopoly, al Risk y al Wordle, una app que consiste en adivinar una palabra escondida dentro de un patrón de letras, y que debe adivinarse en un máximo de seis intentos.

Le gusta con locura conducir. Los agustinos tenemos una misión en Kosice, Eslovaquia. Una vez volvimos juntos de allí y quiso conducir toto el tiempo, hasta Milán, 1248 kilómetros. Conducir le relaja» (padre Francesco Maria Giuliani).

«Aquella vez que nos pusimos a imitar a Aldo, Giovanni e Giacomo [trío cómico italiano]» (*ibid*).

También están los baños, los retiros espirituales en Ostia (en 2004 con Joseph Ratzinger, entonces cardenal), los encuentros con los pobres, los paseos por los callejones de Roma (con paradas en Via della Pilotta y Via della Pace ante los templetes de la Madonna del Buon Consiglio), las pizzas comidas en Prati, los filetes en Florencia, «los viajes a los Castelli de joven y luego el regreso cuando fue creado cardenal obispo de la diócesis suburbicaria de los Castelli Romani en febrero. Aquella noche, en realidad, como buen americano, pidió pollo frito» (Flavia Amabile).

Habla inglés, español, italiano y una vez intentó hacerse entender en eslovaco. También conoce la lengua de signos. Veronica Donatello, una monja franciscana encargada en la Conferencia Episcopal Italiana del Servicio de atención pastoral a personas con discapacidad, lo saludó en lengua de signos y él respondió rápidamente moviendo las manos.

También está el béisbol. Es decir, los White Sox [Calcetines Blancos] de Chicago.

Los White Sox y, al parecer, también los Cubs, el otro equipo de béisbol de Chicago. Los Chicago Cubs, al enterarse del nombramiento, lo celebraron. «Es seguidor nuestro».

Hay todo un debate sobre si es seguidor de los Cubs o de los White Sox. A su hermano lo interpelaron: «No, es hincha de los White Sox». Los White Sox, reiterando que es uno de los suyos, subieron a su página web un vídeo en el que se ve a Prevost en el estadio durante las World Series de 2005, que ganaron precisamente ellos. El club, al verlo elegido papa, lo celebró, le felicitó, etc.

Su madre es la que era hincha de los Cubs.

Ser hincha de los White Sox confirmaría la predilección del papa por los últimos. Aparte de un primer puesto en 2005, los White Sox solo ganaron las World Series en 1906 y 1917. Los rivales los apodaron los *«Pale Hose»*, es decir, los «Medias pálidas». En 2024 batieron el récord de derrotas en una sola temporada de la era moderna. Ciento veintiuna.

«Pensábamos que con tantas vueltas por el mundo había dejado de lado el béisbol. Pero no. Cada vez que volvía a casa, preguntaba inmediatamente cómo había ido la temporada» (su hermano, John Prevost).

La camiseta de béisbol de los White Sox, con el nombre del jugador «Leo XIV» en la espalda, ya está de camino de Chicago a Roma.

Capítulo XI

Hay quien se pregunta cómo se posicionará en las cuestiones que han generado escándalo con Francisco.

La cuestión de la guerra. «La paz comienza con cada uno de nosotros: con la forma en que miramos a los demás, escuchamos a los demás, hablamos de los demás; y, en este sentido, la forma en que nos comunicamos tiene una importancia fundamental: debemos decir "no" a la guerra de palabras y de imágenes, debemos rechazar el paradigma de la guerra» (León XIV).

«Se ha encontrado un vídeo de hace tres años en el que el nuevo Pontífice decía que "desde mi punto de vista, se trata de una auténtica invasión imperialista en la que Rusia quiere conquistar un territorio por motivos de poder y para obtener ventajas para sí misma, por razones relacionadas con la posición estratégica de Ucrania, pero también por su gran valor histórico o cultural, y por ello a nivel de producción". Añadía, monseñor Prevost, que "debemos ser muy claros, porque algunos políticos no quieren reconocer los horrores de esta guerra y el mal que Rusia está cometiendo en Ucrania". No podía haber ni encontrar palabras más claras [...]. La cuestión es: ¿repetiría ahora León XIV lo que dijo entonces monseñor Prevost como obispo de Chiclayo, en Perú? Da que dudar. Los papeles son diferentes y una cosa es gobernar una pequeña diócesis peruana y otra ser papa. Sin embargo, aunque solo sea por eso, sabemos cómo ve el asunto en su corazón: nada de provocaciones occidentales, nada de comprensiones por las razones de los "rodeados", sino adhesión total a la causa del agredido» (Matzuzzi).

«Me parece que el mensaje del papa es este: es inútil pensar en pactos de paz si no se aceptan la justicia y la verdad. Miremos a Ucrania. No se puede pensar que Rusia no consiga nada. Pero tampoco se puede pretender que Putin arrase. Hay que encontrar un equilibrio».

¿Y Trump?

«Como experto en intercambios comerciales sabe que cuando el precio de las mercancías es demasiado alto y se quedan sin vender, hay que llegar a pactos...» (monseñor Bruno Forte a Virgina Piccolillo).

«Hermanos y hermanas, la gran tragedia de la Segunda Guerra Mundial terminó hace 80 años, el 8 de mayo, después de haber causado 60 millones de víctimas. En el dramático escenario actual de una tercera guerra mundial por partes, como afirmó el papa Francisco en más de una ocasión, también yo me dirijo a los grandes del mundo, repitiendo el llamamiento siempre actual: "¡Nunca más la guerra!"» (León XIV).

«Llevo en mi corazón los sufrimientos del amado pueblo ucraniano. Se haga lo posible para alcanzar cuanto antes una paz auténtica, justa y duradera. Sean liberados todos los prisioneros y los niños puedan regresar con sus familias». «Me entristece profundamente lo que sucede en la Franja de Gaza». «¡Cese inmediatamente el fuego! Se preste ayuda humanitaria a la exhausta población civil y se liberen a todos los rehenes». «He acogido con satisfacción el anuncio del alto el fuego entre India y Pakistán». «Y a los jóvenes les digo: "¡No tengan miedo! ¡Acepten la invitación de la Iglesia y de Cristo Señor!"» (León XIV).

La cuestión de la pérdida de fieles en la Iglesia. «Se habló con preocupación en las congregaciones de una erosión de seiscientos mil católicos al año. He aquí, pues, el léxico familiar de León XIV: ministerio de autoridad, desarme, humildad, perseverancia, en las manos de Dios, encuentro, sin miedo, paz, ser misioneros, patria, presencia, pueblo fiel. En el lenguaje del "new Pope" se encierra su proyecto de Iglesia» (Giacomo Galeazzi).

«Según el *Anuario Pontificio* de 2025 y el *Annuarium Statisticum Ecclesiae* de 2023, el número de católicos en el mundo experimenta un ligero aumento, un 1,15 % respecto a los dos años anteriores, con un número total de creyentes que pasa de 1390 a 1400 millones; el número de vocaciones en cambio sigue disminuyendo. A finales de 2023, según los informes pontificios, había 406 996 sacerdotes en las 3041 circunscripciones eclesiásticas del mundo católico, una disminución de 734 respecto a 2022. Crece el número de obispos que pasó de 5353 en 2022 a 5430 en 2023. Pero son los curas de calle, los párrocos, el "don Fulano" cercano a la gente lo que "el pueblo de Dios" parece necesitar, en vez de las jerarquías. Las religiosas disminuyen, como sabemos, de 599 228 en 2022 a 589 423 en 2023. Cada vez hay más conventos vacíos, cada vez hay más espacios de clausura desiertos, el único ámbito todavía atractivo parece ser el misionero. Y el número de candidatos al sacerdocio también desciende en todo el planeta, de 108 481 en 2022 a

106 495 en 2023, una variación negativa del 1,8 %. El descenso afecta a todos los continentes, a excepción de África, donde los seminaristas siguen aumentando. África reúne hoy el veinte por ciento de los católicos de todo el planeta» (Maria Novella De Luca).

¿Logrará León XIV unir a la Curia en guerra?
«No es guerra, sino diversidad. Falta coordinación. Se le ha sugerido que piense en ello» (cardenal Giuseppe Versaldi a Virginia Piccolillo).

La cuestión de los homosexuales. El *New York Times* sacó un discurso suyo de 2012 en el que deploraba el hecho de que los medios de comunicación occidentales y la cultura popular fomentaran «la simpatía por creencias y prácticas que contrastan con el Evangelio». Por ejemplo, «el estilo de vida homosexual» y «las familias alternativas compuestas por parejas del mismo sexo y sus hijos adoptados».

«Ha apoyado el cambio en la práctica pastoral deseado por el papa Francisco que permite a los católicos divorciados y vueltos a casar civilmente recibir la Sagrada Comunión. Prevost parece ligeramente menos partidario que Francisco de buscar el favor del lobby LGBTQ+. Pero ha mostrado un apoyo moderado a la *Fiducia supplicans*» (collegeofcardinalsreport.com).

Fiducia supplicans es el título de una declaración del Dicasterio para la Doctrina de la Fe de la Iglesia Católica, publicada el 18 de diciembre de 2023 y aprobada por el papa Francisco. La declaración se concentra en el significado pastoral de las bendiciones, con una especial atención a las que se imparten a parejas en situación irregular o a parejas del mismo sexo.

¿La apertura a la bendición de parejas homosexuales?
«El papa seguirá en esa línea, quizá con algunas modificaciones. Seguirá predicando una Iglesia abierta a todos. León XIV ya ha afirmado que es preciso acoger "a todos, a todos los que necesitan nuestra caridad, nuestra presencia, el diálogo y el amor". Por eso estoy convencido de que seguirá esta línea» (cardenal Jean-Claude Hollerich, arzobispo de Luxemburgo, relator general del Sínodo de los Obispos, a Domenico Agasso).

La cuestión de los abusos. «"Las acusaciones contra Prevost de haber encubierto los abusos son totalmente falsas. Forman parte de una campaña destinada a desacreditarlo y deslegitimarlo ante la opinión pública". De ello está seguro el periodista peruano Pedro Salinas, que ha dedicado diez años de trabajo al caso de los abusos en el movimiento Sodalicio de Vida Cristiana, suprimido por Bergoglio poco antes de su muerte, y que ha escrito una cuatrilogía (*El caso Sodalicio, vols. I-II-III-IV*) con su colega Paola Ugaz, *Mitad monjes, mitad soldados* asimismo con Ugaz y ahora también *La verdad nos hizo libres*, sobre el final del movimiento. Trabajo que les ha costado persecuciones y varios juicios, uno de ellos hoy en Lima, adonde regresa tras cubrir la elección del papa desde la Plaza de San Pedro. "La campaña para desacreditar a León XIV nace como consecuencia del cierre del Sodalicio por parte de Bergoglio, tal vez el último acto para blindar al futuro papa"» (Alessia Grossi).

La cuestión del dinero. *¿En qué medida inciden los problemas económicos en la vida de los obispos?*

«Al obispo también se le pide que sea un buen administrador o, al menos, que encuentre un buen administrador que le ayude. El papa quiere una Iglesia pobre y para los pobres. Hay casos en los que las estructuras e infraestructuras de un tiempo ya no sirven y cuesta mantenerlas. Al mismo tiempo, incluso en los lugares donde he trabajado, la Iglesia es responsable de instituciones educativas y sanitarias que prestan servicios fundamentales al pueblo, porque muchas veces el Estado no consigue garantizarlos. Personalmente, no soy de la opinión de que la Iglesia deba venderlo todo y dedicarse "solo" a predicar el Evangelio en las calles. Sin embargo, es una responsabilidad muy grande, no hay respuestas unívocas. Es necesario promover una ayuda más fraternal entre las Iglesias locales. Ante la necesidad de mantener vivas estructuras de servicio con ingresos que ya no son lo que eran, el obispo debe ser muy práctico. Las monjas de clausura siempre dicen: "Hay que confiar y encomendar todo a la Divina Providencia, porque se encontrará la manera de responder". Lo importante también es no olvidar nunca la dimensión espiritual de nuestra vocación. De lo contrario, corremos el riesgo de convertirnos en gestores, de razonar como gestores. A veces ocurre» (Prevost a Andrea Tornielli).

El Vaticano tiene un déficit estructural de 70 millones de euros al año. A esto hay que añadir la depreciación de los bienes inmuebles (260 millones). Los balances están constantemente en negativo. Menos 78 millones en 2022, menos 83 en 2023 y todavía menos 70 de nuevo en 2024. A pesar de los tres recortes consecutivos en los estipendios de los cardenales. Las donaciones también languidecen: el óbolo de San Pedro (es decir, las ofrendas de los fieles al papa) está en números rojos: 52 millones de euros de entrada, 103 millones de euros de salida. El fondo de pensiones de los empleados del Vaticano tiene un agujero de 750 millones de euros (*La Stampa*).

«Papa, pero también ciudadano americano. Francis Prevost podría tener que presentar su declaración de la renta en Estados Unidos. A menos que renuncie formalmente a la ciudadanía del país donde nació». Así lo escribe el *Washington Post*. «El Vaticano cubre las necesidades del pontífice: alojamiento, comida, transporte y una asignación personal. Y en la otra orilla del océano, estas prestaciones podrían ser consideradas como ingresos imponibles. En suma, los contables de la Santa Sede podrían encontrarse ante una tarea sin precedentes a la hora de aplicar estas normas a la declaración de la renta que, probablemente, tendrá que presentar el primer papa americano» (*Corriere della Sera*).

La cuestión de China. «El histórico acuerdo con el gobierno de Pekín sobre el nombramiento de obispos, renovado varias veces, es un ejemplo de realismo negociador que, sin embargo, ha suscitado distintas valoraciones entre los observadores: muchos lo han juzgado como un compromiso necesario y útil, otros lo han criticado como una especie de rendición ante las exigencias de los dirigentes chinos. Un dosier gestionado también directamente por Prevost, como prefecto del Dicasterio, y del que seguirá siendo responsable, pidiendo quizás garantías más claras sobre la libertad religiosa y la designación compartida, consciente de ciertas críticas internas» (*Avvenire*).

La cuestión femenina. Sobre las mujeres-sacerdotes, durante el Sínodo, se muestra negativo. «La clericalización de las mujeres no resuelve necesariamente el problema, es más, podría crear uno nuevo. Si las mujeres son reconocidas en la sociedad de una determinada manera, eso no significa que la Iglesia deba hacer lo mismo. Hay categorías que pueden ser diferentes. No podemos decir que vamos a cambiar la tradición de la Iglesia. La tradición de la Iglesia prosigue desde hace dos mil años» (Giansoldati).

«Debemos superar la idea de que el sacerdocio sea poder. Es un ministerio, un servicio» (Jean-Claude Hollerich a Domenico Agasso).

La cuestión de la sinodalidad (es decir, de la implicación de las periferias). Es un convencido defensor de la sinodalidad. Se le ha descrito como un «defensor explícito» del énfasis puesto por el papa Francisco en hacer que las estructuras de la Iglesia sean más inclusivas, más participativas. La sinodalidad como instrumento para afrontar la polarización dentro de la Iglesia, es decir, las distancias creadas por los contrastes. Es indispensable la consulta a los laicos y su implicación.

La cuestión de los migrantes.
¿Pero hablabais de política?
«Sí, claro».
¿Y qué decíais?
«Está alineado con la doctrina de la Iglesia. Un moderado. No veremos extremismos de ningún tipo, ni de un lado ni del otro».

¿Está en contra de la política de Trump sobre los migrantes?

«No está contento con lo que está pasando. No creo que se quede callado mucho tiempo» (John Prevost a Paolo Mastrolilli).

La cuenta X @drprevost ha experimentado un aumento de más de 140 mil nuevos seguidores en pocos días. Según el análisis realizado por Arcadia, se ha navegado hacia atrás en el perfil para reconstruir la identidad digital del Pontífice, sacando a la luz posiciones significativas en temas como inmigración, Ucrania y abusos. Entre las publicaciones más relevantes se encuentra una, fechada el 3 de febrero de 2025, cuando el entonces cardenal Prevost compartió en la NCR un artículo de Kat Armas en el que criticaba la opinión del vicepresidente estadounidense J. D. Vance, considerándola «equivocada». La publicación, que tenía diecinueve millones de visitas antes de la elección, ha alcanzado los veinticinco millones después de esta.

La cuestión de la inteligencia artificial. La inteligencia artificial «no debe ser demonizada, sino comprendida y domesticada. Lo que le preocupa al Pontífice es que la inteligencia artificial sirva de ayuda y no sustituya los procesos del conocimiento y de la capacidad de la mente. Ya en su servicio en el Vaticano, Robert Francis Prevost pudo experimentar los nuevos territorios desafiantes de la inteligencia artificial, incluso desde la perspectiva de la elección de los obispos. Las nuevas tecnologías deben ser utilizadas y experimentadas, pero hay que preguntarse cuáles son las consecuencias de su uso, que debe ser siempre un uso consciente y responsable.

Hay que tener mucho cuidado con lo que se hace y cómo se hace. El gran tema de hoy es poner puntos de referencia éticos en estos sistemas. Las consecuencias ocupacionales y sociales de la innovación están en lo más alto de los pensamientos de León XIV, como lo han estado siempre en el papa Francisco» (padre Paolo Benanti, asesor del papa Francisco en los temas de la IA y la ética de la tecnología, único italiano en el Comité de la ONU sobre la revolución digital en curso, a Giacomo Galeazzi).

Sobre otras cuestiones doctrinales. «La conversión misionera de toda la comunidad cristiana; el crecimiento en la colegialidad y en la sinodalidad; la atención al *sensus fidei*, especialmente en sus formas más propias e inclusivas, como la piedad popular; el cuidado amoroso de los últimos y de los descartados; el diálogo valiente y confiado con el mundo contemporáneo en sus diversos componentes y realidades» (Muolo).

En 2024 declaró: «El obispo no debería ser un pequeño príncipe sentado en su reino».

El cardenal Prevost, antes del cónclave, cuando acababa la cena en el comedor de Santa Marta, ayudaba a las monjas a quitar la mesa.

Sobre los temas clave, en general, el cardenal Prevost, o sea, el papa León XIV, habla poco.

Lista de los papas
llamados León

León I Magno

Toscano, quizá de Volterra, nacido hacia el 390, santo al que se dedican los días 10 de noviembre y 11 de abril, fallecido el 10 de noviembre de 461, papa desde el 29 de septiembre de 440.

Tal vez sea el León más importante de la lista. Eran los tiempos del Imperio romano de Occidente, y el emperador de ese imperio se llamaba Valentiniano III. Atila, con sus bárbaros hunos, estaba a punto de llegar a Roma. Valentiniano, hijo de Gala Placidia, un emperador completamente sometido a la voluntad del general Flavio Aecio (a quien sin embargo mataría más tarde con sus propias manos) pidió ayuda al papa León. Este se dirigió a la provincia de Mantua y en el punto donde el Mincio se une al Po (el lugar debería ser Governolo, una aldea del municipio lombardo de Roncoferraro) se encontró con Atila. El papa León se mostraba con todas sus insignias, en una pose deslumbrante. ¿Fue suficiente para intimidar a Atila? Muchos dicen que sí, otros afirman que le dio dinero. El hecho es que el rey de los bárbaros se volvió a Hungría. Era el otoño de 452. Tres años más tarde, desde el sur, llegó Genserico a la cabeza de los vándalos, los alanos y un grupo de visigodos dispersos. El papa León se movió otra vez y se encontró con el nuevo invasor en la puerta Portuense, donde atracaban las naves que habían remontado el Tíber. Solo consiguió que Roma no fuera incendiada, que los vándalos no masacraran a los ciudadanos, que las basílicas de

San Pedro, San Pablo y San Juan de Letrán no fueran tocadas (aquí, de hecho, se refugiaron los ciudadanos). Pero no consiguió evitar el saqueo del palacio imperial, el robo del techo de oro que cubría el templo de Júpiter Capitolino y, en definitiva, la devastación de la ciudad. El papa León Magno, es decir, el primero de los papas León, también es importante por esto: en aquella época la Iglesia estaba gobernada principalmente por obispos metropolitanos, que a su vez obedecían a los obispos de las sedes mayores. León estableció que, en realidad, todos ellos debían seguir las directrices de Roma, ya que el obispo de Roma es *omnium episcoporum primas, totius Ecclesiae princeps*: «el primado de todos los obispos, el príncipe de toda la Iglesia». Una toma de posición que dio lugar a un conflicto entre el centro y las periferias del mundo católico, que aún perdura hasta nuestros días (Pío IX, en el Concilio Vaticano I, pensó en reafirmarla proclamando la infalibilidad del papa, es decir, del obispo de Roma, el papa Francisco ha intentado moderar sus efectos con sus sínodos). En cualquier parte del mundo donde hubiera una cuestión que resolver, León, gran teólogo, intervenía con sus cartas marcadas por un fuerte sentimiento de la dignidad y la autoridad de Roma. Su objetivo fue completamente alcanzado: la Iglesia unida y severamente disciplinada bajo la guía del papa, capaz de derrotar toda herejía (en aquella época eran incontables los herejes: pelagianos, priscilianistas, maniqueos, etc.). También se mostró fuerte en su lucha contra las ideas que circulaban en la Iglesia del Imperio de Oriente.

León II

Tal vez siciliano de Mesina, o tal vez calabrés, santo al que está dedicado el 3 de julio, nacido hacia el 611, muerto el 3 de julio, papa desde el 17 de agosto de 682.

Era un gran cantor, un gran conocedor del latín y sobre todo del griego antiguo, pero no pudo ser consagrado papa hasta que el emperador dio su asentimiento. Y el emperador (era Constantino IV) no lo dio hasta que el nuevo papa se resignó a proclamar hereje al papa Honorio I, que había aprobado la herejía *monotelita*. ¿De qué se trataba? Cristo era a la vez Dios y hombre, pero los monotelitas sostenían que solo se movía por la voluntad divina. El Concilio de Constantinopla había juzgado herética esta idea, y el emperador quería que el papa también la juzgara herética en Roma. El papa León II se preocupaba sobre todo de los pobres, como se desprende del *Liber pontificalis*, donde se dice de él: «*Paupertatis amator et erga inopem provisione non solum mentis pietate sed et studii sui labore sollicitus*». Con la cabeza en los problemas reales, acabó por declararse de acuerdo con el emperador y el Concilio, y pagó a Constantino IV el impuesto debido por su reconocimiento.

León III

Papa desde el 26 de diciembre de 795. Romano, santo al que está dedicado el 12 de junio, nacido el año 750, muerto en 816.

Como en tiempos de León II, el rey se consideraba superior al papa incluso en materia religiosa. León III hizo inmediatamente un acto de sumisión y entregó a Carlomagno las llaves de la tumba de san Pedro y el estandarte de Roma. El papa León III había sido elegido por el clero. Pero a los nobles romanos de la parte laica, más o menos todos los que pertenecían al círculo del anterior papa Adriano I, no les parecía bien este papa, y el 25 de abril de 795, durante la procesión de las letanías mayores, dos de ellos –Campolo y un sobrino de Adriano I llamado Pascale– se apostaron cerca del monasterio de San Silvestro in Capite y, cuando lo vieron pasar, le saltaron encima, intentaron sacarle los ojos y cortarle la lengua, luego lo ataron y lo encarcelaron en el monasterio de San Erasmo en el Celio. Pasaron algunos días y el hombre que lo vigilaba, un tal Albino, lo dejó escapar por una ventana. León III se refugió en San Pedro y luego, protegido por el duque de Espoleto, escapó a Westfalia, a Paderborn, donde se encontraba el rey Carlomagno. Mientras tanto, en Roma, los laicos afines o amigos de Adriano I, gritaban: «¡Muerte! ¡Muerte! ¡El papa León es un adúltero! ¡El papa León es un perjuro!» Los historiadores dicen que estas acusaciones no eran del todo infundadas. Pero tanto Carlomagno como León pretendían resistir. El papa, bien escoltado, regresó a Roma y tras él venía también el emperador. Corría el 23 de diciembre de 799. León, con el rey presente, subió al ambón de la basílica de San Pedro y juró por Dios, poniendo la mano sobre el Evangelio, que era inocente, es decir, hizo lo que se llama una *purgatio per sacramentum*. No hay objeción posible a un papa que jura por Dios, y los conspiradores, Campolo y Pascale, fueron condenados a galeras. Al día siguiente, el papa colocó la corona imperial sobre la cabeza del rey Carlomagno, un gesto históricamente decisivo: sancionaba, sin que el propio Carlomagno se hubiera dado cuenta del todo, que la autoridad civil, en contra de lo que pensaba el soberano, se sometía a la autoridad religiosa. Y sancionaba la separación entre el Imperio romano de Occidente, defendido desde entonces por los francos, y el de Oriente, que en la cuestión de las posibles culpas del papa León no había podido ejercer ninguna influencia.

León IV

Romano de estirpe lombarda, monje benedictino, santo al que está dedicado el 17 de julio, nacido el año 790, muerto el 17 de julio de 855, papa desde el 10 de abril de 847.

Pontífice que confirmó la supremacía del papa sobre el emperador o sobre el rey: el emperador Lotario, su hijo Luis II, el rey sajón Etelvulfo y su hijo Alfredo el Grande vinieron a ser coronados en Roma, para inculcar en las cabezas de sus súbditos la idea de que Dios los había entronizado. Pero el emperador Lotario no había sido demasiado amigo del papa y de Roma: en 846 los sarracenos habían devastado la ciudad, y el emperador, sucesor de Carlomagno, no había movido un dedo en su defensa. Intentó hacerse perdonar financiando la reconstrucción de Roma, que también había sido destruida por un terremoto (el que había provocado el derrumbe de la mitad del Coliseo) y por un vasto incendio que casi había reducido a cenizas el barrio del Borgo. León apagó las llamas poniéndose delante del fuego y bendiciéndolo. Luego, fortalecido con el dinero de Lotario, se dedicó con gran habilidad a la reconstrucción: las murallas que todavía hoy rodean el barrio del Borgo fueron levantadas por él. Es decir, delimitó la así llamada «ciudad leonina», en la que se refugió indignado el papa

Pío IX (pontífice de 1846 a 1878) cuando los italianos se apoderaron de la ciudad el 20 de septiembre de 1870. Otro mérito de este papa: impulsó a los reyes de Amalfi, Gaeta, Nápoles y Sorrento a unir sus flotas para aplastar a los piratas sarracenos.

León V

Lacio de Ardea, benedictino, papa desde julio a septiembre de 903.

Era una época de luchas entre las familias romanas. No se sabe casi nada de este León. Fue depuesto al cabo de un mes por el antipapa Cristóbal. Murió más o menos inmediatamente después. Tal vez.

León VI

Romano, fecha de nacimiento desconocida, papa desde el 27 de mayo de 928, murió en diciembre del mismo año o en enero de 929.

Subió al trono por voluntad de Marozia, dictadora de facto de Roma en aquella época. El marido de Marozia, Guido di Toscana, aprovechando la desaparición del rey Berengario –que había sido asesinado en Verona por partidarios de Rodolfo de Bolonia– había encarcelado al papa Juan X en Castel Sant'Angelo y luego lo había hecho suprimir. Marozia, que preparaba la elección al trono de su hijo Juan (que había nacido del papa Sergio III, y desde 931 llegó a ser papa con el nombre de Juan XI) colocó mientras tanto al frente de la Iglesia a este León VI, el primero de los así llamados «papas cortesanos». Duró apenas siete meses.

León VII

Romano, monje benedictino, año de nacimiento desconocido, papa desde el 3 de enero de 936, fallecido el 13 de julio de 939.

Un papa obediente, que se puso al servicio del hombre que mandaba en Roma en aquel momento, Alberico II de Espoleto, otro hijo de Marozia, que lo había concebido con Alberico I de Espoleto. Alberico II quería expulsar a los barones romanos que estaban apostados en el campo alrededor de la ciudad, y por ello impulsó la creación de muchos monasterios alrededor de Roma. León VII, obediente, lo siguió. Se dice que no quería ser papa. Flodoardo, que, venido a Roma, había comido con él, escribió que era «un alma cándida».

León VIII

Romano, nacido entre 910 y 920, papa una primera vez del 4 de diciembre de 963 al 26 de febrero de 964, y por segunda vez del 23 de junio de 964 al 1 de marzo de 965.

Ninguna empresa memorable por parte de este León, a no ser el hecho de que fue papa dos veces. El emperador Otón I de Sajonia se enteró de que el papa Juan XII se estaba poniendo de acuerdo con Adalberto II de Ivrea para expulsar a los alemanes de Italia. Por eso bajó a Roma, pero no encontró a Juan XII, que entretanto había huido a Córcega. El concilio se reunió y, urgido por el emperador, quiso juzgarlo. Pero Juan hizo saber que no tenía intención de regresar a la ciudad. El concilio, por tanto, lo declaró depuesto y se dispondría a nombrar un nuevo papa si Otón no forzaba el nombramiento de León. «¡Cómo!», dijeron los obispos, «¡Si este León ni siquiera es sacerdote!». «Pero esto», replicó el emperador, «se remediará fácilmente». Dicho y hecho, León fue nombrado papa (el octavo de los Leones) y tras su nombramiento como papa, fue consagrado subdiácono, diácono, presbítero y finalmente obispo. Los romanos, incitados por el papa Juan en el exilio y financiados por los barones del campo, intentaron rebelarse y asaltaron el Vaticano. Los alemanes, sin embargo, los masacraron, aumentando el odio de la ciudad hacia el emperador. De hecho, en cuanto Otón abandonó Roma para dar batalla a los de Spoleto, los romanos volvieron al asalto y el papa León («como un cordero tembloroso entre lobos», escribió Gregorovius) se vio obligado a refugiarse en Camerino. El antiguo papa Juan XII regresó entonces a Roma. Pero tan pronto como regresó, murió. Los romanos se apresuraron a elegir papa al diácono Benedicto, pero el emperador volvió a la carrera y, mostrando ante los obispos el llamado *Privilegium Othonis*, que sancionaba que nadie podía ser papa si el emperador no estaba de acuerdo, impuso que se destituyera a Benedicto y que León fuera elevado de nuevo al trono. De este modo, el octavo León fue papa dos veces.

León IX

Bruno, hijo de los condes de Egisheim-Dagsburg, alsaciano, nacido el 21 de junio de 1002 en Eguisheim, hoy en Francia, santo al que están dedicados los días 19 de abril y 8 de mayo, papa desde el 12 de febrero de 1049, murió el 19 de abril de 1054.

Tras ser nombrado en Worms, no quiso aceptar hasta que la elección hubiera sido confirmada por los romanos. Se puso en camino y entró en la Urbe vestido de peregrino. Gran viajero, recorrió Italia, Francia y Alemania. Se ha calculado que de los sesenta y un meses de su pontificado solo pasó seis en Roma. Declaró la guerra a los simoníacos, declarando nulos a los obispos que habían comprado sus nombramientos. También declaró la guerra al sexo de los clérigos, imponiendo la castidad a partir del subdiaconado. Luego impuso que las concubinas de los sacerdotes fueran encerradas en el palacio de Letrán para que actuaran como sirvientas. Dio batalla a los normandos, que dominaban el sur, pero fue derrotado en Civitate y encarcelado en Benevento. Donde, sin embargo, fue tratado con gran devoción. Y, en efecto, amó mucho a la ciudad, que todavía hoy lo honra. Murió mientras sus embajadores se encontraban en Bizancio, negociando un acuerdo sobre el rito a adoptar y sobre otras cuestiones de fe. Las negociaciones, con la sede vacante en Roma, precipitaron el desacuerdo final entre las dos Iglesias, que se separaron entonces para siempre (Cisma de Oriente), manteniendo el nombre de Iglesia católica por un lado y el de Iglesia ortodoxa por el otro.

León X

Giovanni di Lorenzo de' Medici, florentino, nacido el 11 de diciembre de 1475, fallecido el 1 de diciembre de 1521, papa desde el 19 de marzo de 1513. Es célebre el retrato que le hizo Rafael, conservado en los Uffizi.

Era hijo de Lorenzo el Magnífico, es decir, miembro de la familia más poderosa de Italia, emparentada, además, con el papa reinante Inocencio VIII, cuyo hijo Francesco Cibo, de más de 40 años (¡sí, el papa Inocencio VIII fue padre! Y no sería el único), se había casado con su hermana Maddalena de' Medici, que apenas tenía 14 años. Gracias a estos parientes de tan gran peso, Giovanni había sido creado cardenal con solo catorce años, y había entrado por primera vez en el cónclave a los diecisiete, a la muerte del papa Inocencio. Pero los pontífices que vinieron después de Inocencio –Alejandro VI Borja, Pío II Piccolomini y, finalmente, Julio II della Rovere– fueron poco amigos suyos. Giovanni, tras viajar por Alemania, Holanda y Francia, vino a vivir a Roma, en el Palazzo Madama, primero alquilado y luego comprado (el Palazzo Madama alberga ahora al Senado). Era poeta y mantenía un círculo literario, evitando toda complicación política para no molestar al pontífice. Pero en tiempos de Julio II tuvo que ponerse al frente de un ejército y, tras masacrar a los de Prato, ir a conquistar Florencia, aliada con los franceses. Corría el año 1512. Poco después murió el papa Julio, hubo cónclave y finalmente Giovanni, cuya familia estaba de nuevo en auge, fue elegido papa y tomó el nombre de León. Participó de diversas maneras en las guerras que se libraban en Italia en aquel tiempo, aliándose ahora con este y después con aquel (por último, con Carlos V, el hombre en cuyo imperio nunca se ponía el sol).

Pero la mayor y más duradera desgracia le llegó de Alemania. El papa León había gastado mucho en las guerras de la época y, sobre todo, en la construcción de la nueva basílica de San Pedro. Por eso envió a pedir dinero al arzobispo de Magdeburgo y Halberstadt, el margrave Alberto de Hohenzollern. Este le dijo: «Te daré cien mil ducados si me das el arzobispado de Maguncia». El papa León accedió y el arzobispo se dirigió entonces al banquero Jakob Fugger para pedirle prestados los cien mil. El banquero estaba dispuesto a dárselos, pero quería saber: ¿cómo se me devolverán? El arzobispo planteó el problema al papa, y este le respondió: «¡Pues podemos recurrir a las indulgencias!». Las indulgencias eran documentos que el pecador adquiría de la Iglesia y gracias a los cuales, según esta, evitaba o acortaba el purgatorio. La Iglesia hacía gran uso de ellas, y los fieles las compraban con gusto. El papa León promulgó entonces la bula *Sacrosanti Salvatoris et Redemptoris* (31 de marzo de 1515) y asunto concluido. Hohenzollern vendería estas indulgencias durante seis años, entregando la mitad de los beneficios a Roma y la otra mitad al banquero Fugger. Pero el monje agustino Martín Lutero –un hombre en cuyo corazón habitaba la furia de Dios y que pertenecía a la misma orden que el ahora papa León XIV Prevost– oyó predicar un día al fraile dominico Johann Tetzel, quien muy toscamente hacía una gran publicidad a este comercio de indulgencias. El monje Martín Lutero se sintió tan indignado por ello que poco después fue y fijó en la puerta de la iglesia de Todos los Santos de Wittenberg las famosas noventa y cinco tesis que dieron origen al cisma protestante. El papa León, a pesar de las excomuniones y los procesos, no comprendió la importancia de aquellas contestaciones, que juzgó que no eran más que «rencillas de frailes».

León XI

Alessandro di Ottaviano de' Medici di Ottajano, florentino, nacido el 2 de junio de 1535, muerto el 27 de abril de 1605, papa desde el 1 de abril de 1605.

Quiso ser sacerdote contra el parecer de su madre. Era un fraternal amigo de san Felipe Neri, que le habría pronosticado la tiara. También Vasari había escrito a Vincenzo Borghini que Alessandro «é *omo che Dio lo farà salir più alto*». Y, sin embargo, cuando fue elegido papa, solo duró veintiséis días. En este breve lapso de tiempo, consiguió abolir el impuesto con el que los romanos mantenían a las tropas pontificias y hacer comprender al mundo que nunca favorecería a sus propios parientes.

León XII

Annibale della Genga, natural de Genga en las Marcas, distrito de Fabriano, entonces en la provincia de Macerata, actualmente en la provincia de Ancona. Conde, nacido el 2 de agosto de 1760, fallecido el 10 de febrero de 1829, papa desde el 28 de septiembre de 1823.

El jubileo del año 1800 no se había podido celebrar a causa de Napoleón. Tampoco se celebró el de 1850 (Roma seguía sumida en el caos tras la República Romana y la huida del papa a Gaeta) ni el de 1875 (el papa, indignado con los italianos, se había encerrado en la «ciudad leonina»). Así pues, el jubileo de 1825, que el papa León XII quiso a toda costa para reafirmar la santidad de Roma tras las profanaciones napoleónicas, es en cierto modo memorable, aunque los noventa y cinco mil peregrinos –muy bien recibidos en una ciudad exhausta por aquella invasión– procedieran casi exclusivamente de Italia. El papa León, guapo, de gran porte, gran frecuentador de salones, gran conversador, gran cazador, gran seductor, pero indolente y muy reaccionario (el suyo fue en la práctica un régimen policial), es recordado también por perseguir a los judíos y hacer decapitar en la Piazza del Popolo a los conspiradores Targhini y Montanari. Y por haber boicoteado la vacunación contra la viruela, haciéndola opcional. El papa León, antes de subir al trono, fue diplomático. Doce años en Alemania y después nuncio en París tras el Congreso de Viena. Su salud era bastante precaria: a los cardenales que le habían nombrado les dijo: «Habéis elegido a un cadáver». Y por esta misma razón, es decir, esperando que muriera pronto, lo habían elegido los cardenales. A lo largo de toda su vida, recibiría la Extremaunción diecisiete veces. Belli lo describió como «*un zomaro, un vorpone, un cazzomatto*» [un burro, un pillo, un loco de atar]. Legó su gran gato en herencia a Chateaubriand.

León XIII

Vincenzo Gioacchino Raffaele Pecci, nacido en Carpineto Romano el 2 de marzo de 1810, fallecido el 20 de julio de 1903. Conde, papa desde el 20 de febrero de 1878.

Papa de ochenta y seis encíclicas, entre ella la célebre *Rerum novarum*, de 15 de mayo de 1891, que por primera vez en la historia se pronunciaba a favor de la clase obrera. En ella se lee que el socialismo y la abolición de la propiedad privada no son la solución, y tampoco se aprueba la huelga. En su lugar, hay que alentar un entendimiento armonioso entre patronos y obreros. Y el recurso a las leyes: «Si daña la salud con trabajo excesivo, impropio del sexo o de la edad, en todos estos casos deberá intervenir de lleno, dentro de ciertos límites, el vigor y la autoridad de las leyes»; «… en la protección de los derechos individuales se habrá de mirar principalmente por los débiles y los pobres. La gente rica, protegida por sus propios recursos, necesita menos de la tutela pública; la clase humilde, por el contrario, carente de todo recurso, se confía principalmente al patrocinio del Estado. Este deberá, por consiguiente, rodear de singulares cuidados y providencia a los asalariados, que se cuentan entre la muchedumbre desvalida»; «… lo que puede hacer y soportar un hombre adulto y robusto no se le puede exigir a una mujer o a un niño. [...] hay oficios menos aptos para la mujer, nacida para las labores domésticas; labores estas que no solo protegen sobremanera el decoro femenino, sino que responden por naturaleza a la educación de los hijos y a la prosperidad de la familia». Se condena la excesiva concentración de la riqueza y las demasiadas diferencias entre ricos y pobres, y se reconoce la legitimidad de las organizaciones obreras. Se aboga por asociaciones en las que trabajadores y empresarios colaboren. La encíclica, fundamento de la así llamada «doctrina social de la Iglesia», reaccionaba a los primeros pasos de la industrialización italiana, pero también se justificaba históricamente por el impetuoso avance de las ideas socialistas en el país. Poco después se fundaría el Partido Socialista, los socialistas llevaban ya algunos años ocupando escaños en el parlamento italiano y, en definitiva, los socialistas pastaban en el mismo campo que las parroquias, el de los pobres. León XIII también debe ser recordado por otra cosa. Cuando los italianos habían tomado Roma (1870), el papa

Pío IX se había encerrado en la ciudad leonina, había excomulgado a los invasores y, aceptando el lema «ni elegidos ni electores», había prohibido a los fieles participar en la vida política de los «usurpadores». León XIII, sin desautorizar a su predecesor, y sin dejar de atacar a los «italianos», trabajó sin embargo discretamente por un acercamiento a las autoridades civiles, concediendo cada vez más a los católicos de ciertas zonas el permiso para participar en las elecciones políticas. Precisamente durante su pontificado se oyó por primera vez la expresión «democracia cristiana».

A propósito de san Agustín

por Jessica D'Ercole

Cuando León XIV, asomado a la Logia de San Pedro, se llamó a sí mismo «agustino, hijo de san Agustín», media plaza ni siquiera sabía de qué, de quién estaba hablando. Pero aquí está. Aurelio Agustín de Patricio –nacido el 13 de noviembre de 354 en Tagaste, África (hoy Souk-Ahras, Argelia)– era, para decirlo con una salida del cardenal Zuppi, «un tipo difícil». Su padre, Patricio, era un pequeño terrateniente y funcionario romano. Hombre irascible e infiel, que no dejó grandes enseñanzas religiosas a su hijo. Al contrario, su madre Mónica era una ferviente cristiana. Pero el hijo no sigue su ejemplo. Es un niño rebelde. Detesta la escuela, la lengua griega y al profesor que le pega. Pero aprecia los clásicos latinos y las historias del poeta Virgilio.

La adolescencia no mejora la situación. Su padre lo envía a Madaura, una pequeña ciudad cercana, y le hace estudiar literatura y elocuencia. Pero luego lo llama de vuelta porque no tiene dinero suficiente para que continúe sus estudios. Así que, a los dieciséis años, este muchacho vivaz, agudo y exuberante se entrega a la ociosidad y a los placeres de la vida. Adora el teatro y persigue amores voluptuosos. Y su madre, desesperada, está perennemente en lágrimas por la mala suerte que temía que pudiera golpear a este hijo suyo. «¿Y qué era lo que me deleitaba, sino amar y ser amado? Pero no guardaba modo en ello, yendo de alma a alma, como señalan los términos luminosos de la amistad, sino que del fango de mi concupiscencia carnal y del manantial de la pubertad se levantaban como unas nieblas que obscurecían y ofuscaban mi corazón hasta no discernir la serenidad de la dirección de la tenebrosidad... Pero en aquel decimosexto año se hubo de imponer un descanso por la falta de recursos familiares y, libre de escuela, hube de vivir con mis padres. Se elevaron entonces sobre mi cabeza las zarzas de mis lascivias, sin que hubiera mano que me las arrancara. Al contrario, cuando cierto día me vio pubescente mi padre en el baño y revestido de inquieta adolescencia, como si se gozara ya pensando en los nietos, fuese a contárselo alegre a mi madre [...]. Ella se quedó boquiabierta. Recuerdo muy bien cómo me amonestaba en secreto para que no cometiera actos impuros y, sobre todo, para que no cometiera adulterio. Pero me parecían consejos de mujer y me daba vergüenza ponerlos en práctica» (Conf. II, 2.6). Una vez, junto con otros chicos malos, fue a robar peras: «lo cometí, no forzado por la necesidad, sino por penuria y fastidio de justicia y abundancia de iniquidad. [...] Nos encaminamos a él, con ánimo de sacudirlo y vendimiarlo, unos cuantos mozalbetes. Y llevamos de él grandes cargas, no para regalarnos, sino más bien para tener que echárselas a los puercos, aunque algunas comimos, siendo nuestro deleite hacer aquello que nos placía por el hecho mismo de que nos estaba prohibido» (Conf. II, 4, 9).

Gracias a la ayuda económica de un amigo de su padre, Romiano, prosigue sus estudios en Cartago, donde se enamora de una muchacha africana. Como ella es de rango inferior al suyo, solo puede hacerla su concubina. Así, a los diecinueve años, se convierte en padre de Adeodato. Decide asumir sus responsabilidades y permanece fiel a la madre de su hijo durante quince años: «Por estos mismos años tuve yo una mujer, no conocida por lo que se dice legítimo matrimonio, sino buscada por el vago ardor de mi pasión, falto de prudencia; pero una sola, a la que guardaba la fe del tálamo en la cual hube de experimentar por mí mismo la distancia que hay entre el amor conyugal pactado con el fin de la procreación de los hijos y el amor lascivo, en el que la prole nace contra el deseo de los padres, bien que, una vez nacida, les obligue a quererla» (Conf. IV, 2).

En esos años lee por casualidad el *Hortensius*, un diálogo de Cicerón hoy perdido. Decide entonces estudiar filosofía. Se acerca al maniqueísmo. De vuelta a Tagaste abre una escuela de gramática y retórica, pero la vida que lleva no le satisface y regresa a Cartago con la esperanza de un futuro mejor. Pero no lo encuentra: «En aquellos años enseñaba retórica: es decir, dominado por mi pasión, vendía chácharas para ganar casos en los tribunales». Así que el joven y prometedor rétor se fue en busca de otra cosa y en 382 se trasladó a Roma con su compañera y su hijo, sin que lo supiera su posesiva madre, que mientras tanto se había reunido con él en Cartago.

La insatisfacción, sin embargo, no remite. Las preguntas sobre el Bien y el Mal siguen sin respuesta. Incluso su fe maniquea empieza a tambalearse. Decide entonces dedicarse a la carrera y, gracias a la recomendación del prefecto de Roma, obtiene la cátedra de Retórica en Milán. Se traslada. Pero con él lleva también esa inquietud que nunca deja de atormentarlo. Para perfeccionar su *ars oratoria*, escucha los sermones del obispo Ambrosio: «Llegué a Milán y visité al obispo, Ambrosio, famoso entre los mejores de la tierra, piadoso siervo tuyo, cuyos discursos suministraban celosamente a tu pueblo "la flor de tu trigo", "la alegría del óleo" y "la sobria embriaguez de tu vino". A él era yo conducido por ti sin saberlo, para ser por él conducido a ti sabiéndolo. Aquel *hombre de Dios* me recibió paternalmente y con afabilidad de obispo (*episcopaliter*) se interesó mucho por mi viaje. Yo comencé a estimarlo; al principio, no ciertamente como a doctor de la verdad, la que desesperaba de hallar en tu Iglesia, sino como a un hombre afable conmigo» (Conf. V, 13, 23).

Sin embargo, sermón tras sermón, las palabras de Ambrosio fueron calando en él. Se acerca cada vez más a la Iglesia católica y se convierte en catecúmeno de ella. Mientras tanto, su madre, Mónica, llega a Milán y permanece cerca de él, sobre todo con sus oraciones. La mujer que había convivido con él durante quince años regresó a África: «Cuando la mujer con la que solía yacer fue arrancada de mi lado como un obstáculo para el matrimonio, mi corazón [...] sangró durante mucho tiempo». Agustín devora textos de filosofía. Se sumerge en la Sagrada Escritura. Estudia a los pensadores griegos. Parece haberse dejado consolar por una amante. Se siente combatido. Sin embargo, un día de agosto de 386, aún desorientado y confuso, tras haberse abandonado a un llanto desesperado, le parece oír una voz: «¡Toma y lee!». Cogió las cartas de san Pablo y las abrió al azar: «Nada de comilonas y borracheras; nada de lujurias y desenfrenos; nada de rivalidades y envidias. Revestíos más bien del Señor Jesucristo y no os preocupéis de la carne para satisfacer sus concupiscencias». La lectura de esos breves versículos lo fulmina. Antes de que pasara un año, en la noche de Pascua, entre el 24 y el 25 de abril de 387, fue bautizado por Ambrosio. Su hijo Adeodato también recibió el sacramento.

Quiere volver a África. Parte con su madre hacia Roma para embarcar en Ostia. Aquí Mónica cae enferma y muere: «Señor, no te pregunto por qué me la has quitado, sino que te doy gracias porque me la diste». La harán santa. Durante tres años, del 388 al 391, se retira a las propiedades paternas:

ayuna, reza, medita y practica la abstinencia sexual. Toca la cima en su actitud de escucha y diálogo. Durante este periodo, pierde a su hijo Adeodato, de diecisiete años.

Se propagan las noticias de su admirable conversión, la fama de su doctrina y su santidad. Su *ars oratoria* es impecable, sus palabras impactan en quien quiera que las escuche. Un día del año 391, estando en Hipona, el pueblo lo aclama: «Tomado por la fuerza, por sorpresa, fui ordenado sacerdote y por ese paso alcancé el episcopado». Se traslada a esta ciudad portuaria de la costa mediterránea de África, consigue conciliar fe y razón, y escribe. Redacta un conjunto de preceptos que pasarán a constituir la *Regla*. Entre las indicaciones se encuentra: vivir juntos, en comunidad, compartiendo los bienes, en la pobreza voluntaria y en la búsqueda constante de la verdad a través del estudio, la oración y el servicio. La necesidad de dedicarse a la enseñanza, la predicación y las obras sociales en favor de los necesitados. Al choque entre lo divino y lo humano, el Evangelio y el paganismo, dedica quince años de trabajo que encuentran una admirable síntesis en el *De civitate Dei*. Escribe innumerables sermones, cartas y otras obras en las que combate las herejías del momento. Entre las más conocidas están *El libre albedrío* y *La Trinidad*. Revisa críticamente todos sus tratados y homilías en sus *Retractaciones* y escribe los trece libros que recogen sus *Confesiones*. Murió el 28 de agosto de 430, tras una agonía de diez días que pasó llorando y rezando en soledad, mientras los vándalos asediaban Hipona.

Los obispos africanos consiguieron sustraer el cuerpo de las profanaciones vandálicas. Llevan los restos a Cerdeña gracias a Liutprando, rey de los lombardos. Después lo trasladan a Pavía, donde aún reposa en San Pietro in Ciel d'Oro. Aunque fue considerado santo de inmediato, hubo que esperar sin embargo hasta 1244 para que el papa Inocencio IV promoviera la unificación de los diversos grupos de ermitaños que ya se inspiraban en la Regla de san Agustín y hasta 1256 para que Alejandro IV instituyera oficialmente la Orden de los Ermitaños de San Agustín, dotándola además de una organización centralizada y reconocida.

La Orden está dividida en provincias y vicariatos distribuidos por todo el mundo. Los agustinos se dedican a la enseñanza, a la predicación, a la gestión de parroquias y santuarios, y a obras sociales en favor de los pobres, los migrantes, los marginados y los ancianos. Chiara Ricciolini explica en el *Sole*: «El rasgo distintivo de la Orden es el equilibrio entre vida comunitaria, estudio y misión, que se refleja en el lema oficial: *Charitas et Scientia* (Caridad y Ciencia). Expresión de la visión agustiniana según la cual la caridad es el camino privilegiado hacia la verdad y el estudio es servicio a la comunidad y a la fe. La santidad agustiniana hunde sus raíces en la dimensión comunitaria, en la conversión interior y en el compromiso concreto con el prójimo. Según la teología y la regla agustinianas, no hay verdadera santidad sin comunidad, sin transformación interior y sin caridad activa. La santidad, para Agustín, no puede vivirse en soledad: se realiza en el vínculo con el otro, en la vida en común con los otros y en la construcción de la unidad. En la tradición agustiniana esto se expresa en actividades educativas, sociales y misioneras». De ahí el lema de nuestro papa misionero «*In Illo uno unum*», que significa que «aunque los cristianos somos muchos, en el único Cristo somos uno», y ese libro cerrado con un corazón atravesado por una flecha recuerda la conversión que el mismo san Agustín explicaba con estas palabras: «*Vulnerasti cor meum verbo tuo*», o sea, «Atravesaste mi corazón con tu palabra».

Famosos agustinos fueron santa Rita de Casia, san Nicolás de Tolentino y santo Tomás de Villanueva.